公益组织诚信生态建设研究

李 敏 著

上海大学出版社
·上海·

图书在版编目(CIP)数据

公益组织诚信生态建设研究/李敏著. —上海：上海大学出版社，2018.12
ISBN 978-7-5671-3374-7

Ⅰ. ①公… Ⅱ. ①李… Ⅲ. ①慈善事业-组织机构-信用-研究-中国 Ⅳ. ①D632.1

中国版本图书馆 CIP 数据核字(2018)第 290130 号

责任编辑　王悦生
封面设计　柯国富
技术编辑　金　鑫　钱宇坤

公益组织诚信生态建设研究

李　敏　著

上海大学出版社出版发行
(上海市上大路 99 号　邮政编码 200444)
(http://www.shupress.cn　发行热线 021-66135112)
出版人　戴骏豪

*

南京展望文化发展有限公司排版
上海华教印务有限公司印刷　各地新华书店经销
开本 890mm×1240mm　1/32　印张 7.75　字数 185
2018 年 12 月第 1 版　2018 年 12 月第 1 次印刷
印数：1~1100
ISBN 978-7-5671-3374-7/D·213　定价　35.00 元

序

　　李敏博士的专著《公益组织诚信生态建设研究》稿源于其博士论文。论题是关于公益组织的诚信问题的探讨,选题来自国家社科基金重大项目"推进政务诚信、商务诚信、社会诚信和司法公信建设研究"的内容。

　　诚信价值观是社会主义核心价值观的重要内容之一,在全社会各个领域倡导诚信价值观是我国社会主义精神文明建设的一项重要任务。《公益组织诚信生态建设研究》以公益组织为对象,研究公益组织的诚信建设问题,选题好,视角新,具有理论与现实建设性的价值。

　　公益组织从事的是社会慈善事业,属于道德扬善的社会组织,其出场就占据了道德高地。然而,物欲横流之下连专事道德行善的公益组织也难免沾染上恶俗之气。近年来,公益组织甚至是著名的公益组织屡屡被媒体曝光失信问题,极大地损害了公益组织的道德形象,严重冲击了我国公益事业发展的良好势头。公益组织的失信问题非同小可,其所引起的社会道德愤慨远远高于其他的社会失信行为,其中一个原因就是公益组织顶着道德的名义却行不义之事,更令人感到不耻和愤怒。毫无疑问,对于公益组织失信行为的道德谴责无可厚非，是社会正义的必要之举，但是仅仅停留在道德谴责的层面上并不能根本解决问题，关键还是要以积极的心态来研究公益组织的诚信问题，从而推进公益组织的诚信建设。《公益组织诚信生态建设研究》一书正是从建设性的目的出发，形成公益组织诚信建设的研究成果。

《公益组织诚信生态建设研究》对于公益组织诚信的研究是比较深入的，具有作者独特的研究视角。也就是说，作者不是就事论事地研究公益组织的诚信问题，而是从公益组织诚信生态性建设的角度来探讨。公益组织诚信生态建设研究不仅开启了公益组织诚信研究的新视角，同时也是研究特殊领域诚信的新方法，具有一定的创新性。

"公益组织诚信生态"是一个新的概念，这个概念并非作者任意提出来的，而是其在充分研究了公益组织和公益活动的特殊性之后所提出的新概念。虽然公益活动由公益组织来发起运作，但是公益活动牵涉的方面很多，既有捐助者、志愿者，又有受助方，既有企事业组织参与，更有大量社会个体成员的加入，其中任何一个方面的不诚信都会导致公益活动的不诚信，因此公益活动中的失信问题是很复杂的，并非完全是公益组织的责任。作者以解剖典型案例为基础，论证了公益组织失信源自多方面的因素，说明仅仅依靠公益组织方面的诚信难以达到公益活动过程和结果的诚信。正因为公益组织的诚信问题不单纯是公益组织所造成的，而是参与公益活动的各方都具有失信的可能性，它是一个复杂的系统性问题。所以，公益组织及其活动的诚信建设不能仅限于公益组织本身，应当从系统性、生态性的视角来讨论公益组织的诚信实践。换言之，公益组织的诚信是生态性的诚信，其建设也要从生态性的思路来考虑,是诚信生态的建设。作者提出以生态的理念来推进公益组织诚信文化的实现,其设想具有合理性和可操作性。

由于公益组织诚信生态建设是一项新的课题,论证和阐述难免存在不足之处,如公益组织诚信生态形成的理论的论证深度尚嫌不足,需要进一步深入探讨。

余玉花

2018年7月

前　言

2018年适逢改革开放40周年。40年间，中国的面貌无时无刻不在发生着日新月异的变化，40年沧桑巨变，换了新天。正如习近平总书记指出的那样，"在中国共产党领导下，中国人民凭着一股逢山开路、遇水架桥的闯劲，凭着一股滴水穿石的韧劲，成功走出一条中国特色社会主义道路"。40年的砥砺奋进历史性地改变了泱泱大国的发展进程，经济的发展，人民的富足，带来的是国家实力的强盛。在国际舞台上，如今的中国已经成为举足轻重的角色，甚至前所未有地靠近舞台中央的位置。中华民族的伟大复兴近在眼前，中国人民一百多年来的梦想即将实现。

然而我们也应当看到，40年改革开放既带来了国家实力的巨大飞跃，也产生了社会变革之下的诸多矛盾和问题。在这一场改革开放的伟大转折中，中国社会也在悄然发生着巨大的变化，原有的社会群体逐渐流动、分化，并最终形成了新的社会群体；原有的社会结构在逐渐变形、消解，并最终形成新的社会结构。深刻的社会变化带来的不仅仅只有新群体和新结构，随之伴生的必然是新的矛盾和新的问题，而这些新矛盾和新问题对政府社会治理水平的要求也提升到一个前所未有的高度。

当前，中国特色社会主义已进入新时代，这是我国社会发展新的历史阶段，新挑战、新问题、新矛盾不断涌现，使得以往单一的政府主导型社会治理思路逐渐变得难以奏效。在这种局面下，推进社会治理体制变革，实现社会治理体系和社会治理方式的现代化势在必行。而在这一历史趋势下，扩大社会组织对社会治理工作的参与，则是实现社会治理方式变革、推动社会充满活力又和谐有序运行的一项重要举措。

中国社会组织参与社会治理的过程中，各种类型的公益组织无疑是最为抢眼的一支力量。从被誉为"公益元年"的2008年至2018年的十年间，公益组织广泛参与了灾害救援、环境保护、扶贫帮困、社会服务、社会保障以及教育等领域的原本由政府一应承担的工作之中。积极参与社会生活并提供越来越多元化的社会服务，使得公益组织不断开拓参与社会治理的新领域，也越来越得到政府及社会民众的广泛认同。因而，一方面，政府部门对公益组织的支持力度逐渐增大，以直接拨款或购买社会服务的方式为公益组织提供活动的资金支持；另一方面，社会民众在公益精神的感召之下，踊跃捐款或者投入公益服务当中，也为公益组织参与社会治理工作提供了大量的物质支持。

然而毋庸讳言，当前公益组织在参与社会治理的过程中，依然存在诸多问题，其中诚信问题尤为突出。近年来，无论是具有半官方性质的社会团体，诸如中华慈善总会、红十字会，还是各种草根民间社会组织，抑或依托互联网平台发展起来的公益筹款项目，都爆出了违规操作、资金运用不透明、以公益之名谋取私利甚至私下侵吞公益慈善资金财物等诚信问题，一时间舆论哗然，让方兴未艾的公益组织陷入被社会各界质疑的境地。此种公益失信的状况如不能加以扭转,必将影响公益组织参与社会治理的合法性,甚至危及公益组织自身的生存发展。

对于公益组织失信的问题研究,国外学者在20世纪80年代就开始予以关注,经过近40年的研究探讨,不同学者对包括公益组织在内的非营利组织的失信问题达成了较为一致的认识,建立了较为完整的理论模型,其中尤以莱斯特·M.萨拉蒙(Lester M. Salamo,2007)提出的"志愿失灵理论"最具代表性。"志愿失灵理论"的提出,为西方学术界讨论非营利组织诚信问题做出了开创性的探索。

在"志愿失灵理论"的基础之上,针对非营利组织可能存在的道德风险,一些西方学者在组织建设、运营方式、规则制定等方面进行了深入的探讨,比较有代表性的著作有罗切斯特的《志愿机构和问责制》(Rochester,1995),彼得·弗鲁姆金的《非营利组织:一个概念 一个政策》(Peter Frumkin,2005),以及伊恩·泰勒的《志愿者领域的道德准则与管理》(伊恩·泰勒,1998)。

由于非营利组织广泛涉及政治、经济和文化等社会子系统,一些社会科学的其他学科理论也开始被运用到对非营利组织诚信研究中。詹森的《企业理论:经理行为、代理成本与所有权结构》(Jenson,2003)就将代理成本理论运用到对非营利组织的研究之中,里贾纳·E.赫兹琳杰的《非营利组织管理》(里贾纳·E.赫兹琳杰,2000)则主张从财务制度方面对非营利组织加以约束,戴安娜·丽特《志愿组织是否负有责任》(戴安娜·丽特,1998)从组织行为学的角度考察了非营利组织在运行方面所面临的问题。

此外,在一些西方研究者看来,"社会资本"理论也可以被运用到对公益非营利组织的研究分析之中,如帕特南的《民主运转起来》(帕特南,2001)和科尔曼的《社会理论的基础》(詹姆斯·S.科尔曼,2008)等著作,都认为非营利组织的诚信建设可以增加社会信任,社会信任同样可以促进非营利组织诚信建设,这种互动过程的实质即是一种社会资本的累积。

非营利组织与社会其他部门的关系问题也有一些具有创新性的观点,突破了将非营利组织对应于第三域、将政府部门对应于公域、将市场部门对应于私域的一般性观点,迈克·赫德森的《未被开发的"域"》(迈克·赫德森,1998)以及弗斯顿伯格的《非营利机构的生财之道》(弗斯顿伯格,1991)都持这种观点。

由此可见,在非营利组织较为发达的西方社会里,学界首先提出了对这一组织也存在着道德风险的研究思路,为我国公益组织诚信问题的研究提供了既有的理论基础。同时,这一类组织在社会活动中的成熟实践也为理论研究提供了实证性经验,不少西方学者从不同学科对这一问题进行了考察和分析,并建立了可行性方案和有效性路径,对我国公益组织研究的理论和实践提供了有力的参考依据和有益的借鉴作用。然而,毕竟我国的公益组织与西方的非营利组织有着不同的历史背景和现实基础,不能等同而论,因此在学习和吸收他们的经验的同时,更需要理解自身的立场,要将两者进行有效的融合,方可为我所用。

近些年,随着国内公益组织失信问题的频频曝光,我国的一些学者也开始关注并研究公益组织的诚信治理问题。总结下来,有的学者从社会信用体系薄弱、公益运作体系不健全、对公益失信行为缺乏必要惩治等操作层面进行了探讨,有的学者则就公益组织内部诚信管理不善而导致失信做了深入的研究,还有的学者从效率角度探讨了公益组织的诚信及公信力的问题,并认为公益性是否得到有效实现也应当是一个重要的诚信指标。

从学界的研究成果不难看出,我国学者对公益组织诚信的探讨侧重外部制度机制建设与内部规范管理和文化培育两个方面。在外部机制建设方面,学者们普遍强调了以社会信用体系建立作为一个激励与惩戒并存的机制;在组织内部视角中,学者们则侧重组织的具体化操作层面,具体以财务操作及项目运作两个内容为多,财务方面主要是强调财务收支的透明、会计程序的规范以及审计监督的独立等,项目运作则较多地体现为对效率的重视;也有学者从系统性视角出发,立足于公益组织的特质,突出公益组织与政治、市场和社会这三大部门的互动性,并围绕这种互动的生态系统展开探讨,提出"公益生态"这一概念。在达成公益生态是公益组织立足与发展的现实基础这一共识的基础上,学者们从公益力、公益供给、公益活动以及如何形成良性生态等多个方面也都提出了有益的观点。

毋庸置疑,现代公益事业在我国还处在一个初创阶段,现代公益组织还有较大的空间去发挥它的功能和作用。实践需要理论的指导,但目前公益组织的研究特别是中国化研究成果还不够。一方面由于我国公益组织的实践经验尚浅,还无法为理论建设提供丰富的现实材料,另一方面则是因为现有理论的视角还不够,大多还仅仅停留于西方学界"志愿失灵""第三方管理"等普遍性的研究成果之上。尽管这些理论拨开了公益组织道德完美的面纱,为我国的学者研究公益组织道德建设问题提供了一个具有引导性和借鉴性的视角,其在研究过程中揭示的问题也是我国公益组织发展中遇到的现实困境,其构建的自律他律机制、治理管理方式也可以为我所用,但由于中国社会历史文化和现实发展的特殊性,中国公益组织的道德问题显然与西方公益组织具有异质性,不可全盘移植或者机械应用,西方的理论需要一个与中国国情相兼容的转化过程,而最急迫的则是要建立起中国公益组织的研究范式和理论体系。

有鉴于此,本书的立足点正是建立于中国政治体制改革、市场经济发展和社会文化转变的现实以及公益行业和组织的变迁历程中,是关于中国公益组织研究的理论补充。由于公益组织是一种社会嵌入性较强、开放程度较高的组织样态,公益组织的诚信治理就不能仅仅局限于组织本身的层面,而要从公益活动发生的方方面面来探讨公益组织的诚信,尝试从系统性、结构性的视角来探讨公益组织的诚信及其建设。

首先,本书围绕"诚信是公益组织价值基石"这一主题,将从公益组织的理论渊源、伦理属性和多维功能等几个方面进行确证。首先梳理以往社会科学领域研究公益组织以及公益诚信精神的各项理论,包括作为公益组织理论渊源的社会福利思想、共同体思想及公民权利理论等,这其中都内蕴着诚信的价值光芒;在公益组织人道、自治和利他等伦理属性中,也都体现着诚信的价值应然;而在公益组织发挥其道德、社会、文化和经济的多维功能中,诚信则产生着重要的效力。

其次,本书重点提出了公益组织诚信生态的思路,并阐发了公益组织诚信生态的特点及基础性结构。公益组织诚信生态是一种良性的道德生态,是在以公益组织为核心而形成的一个社会生态子系统中,通过各层级的诚信建设而实现的一种道德生态。公益组织诚信生态具有内外二重性和多方嵌入性的特点。公益组织诚信生态不仅有利于公益组织自身的健康发展,同时也会推动社会诚信的提升,具有重要的伦理意义。

再次,本书在公益组织诚信生态的理论框架下,以现实中的典型案例对公益组织诚信生态中的失衡现象进行了评析,并对案例中折射的现实性问题进行了较为详尽的分析和评述,论证了公益组织失信行为中耦合了多方致因要素,是公益活动多方伦理缺失的结果。

此外,本书进一步考察并剖析了影响公益组织诚信生态的多维原因,归纳出公益组织自身诸如公益产权模糊、"公益人"道德假设过高、治理结构不完善等内因要素,也梳理了社会系统中的政治性、市场性、文化性等外因要素。

最后,本书提出了建设公益组织诚信生态的现实路径。这一现实路径要通过三个层面的主体共同推进。公益组织自身是建设公益组织诚信生态的核心层,公益行业是次级层,这两个层面要通过组织自身的诚信道德定位,诚信自律建设,诚信能力锻造以及组织行业的诚信联盟推动公益组织诚信生态的实现。公益组织诚信生态的社会层由政治、市场、文化系统中的相关要素所构成。政治系统为公益组织诚信生态建设提供体制、制度等要素,市场系统为公益组织诚信生态建设提供机制、资源等要素,文化系统为公益组织诚信生态建设提供价值观、认同性等要素。

通过对以上几个方面的论述,本书力图在公益组织诚信生态的理论框架和现实情态下,积极应对社会现实中导致公益组织诚信生态失衡的各种消极因素,构建一个和谐共生、良性循环、全面发展、持续繁荣的诚信生态系统。此项研究对我国公益组织向社会化、专业化、现代化的方向发展具有积极的理论指导意义,主要体现在以下几个方面。

相比较以往对公益组织运作管理的理论，本书提出诚信问题是决定公益组织生死存亡的问题。而由于公益组织的强社会关联性，社会的诚信水平也深刻影响着公益组织的现实发展状态，因此，公益组织的诚信问题与社会的整体诚信之间存在着紧密的联系。由此，通过公益组织诚信生态建设的研究，势必可以拓展社会诚信建设的研究思路，而将公益组织的诚信生态研究拓展为社会诚信的重要衡量指标，也是本书的题中应有之义。

相比较传统的社会诚信问题研究注重文献梳理、义理阐释和总体评价的路子，本书对公益组织诚信的研究则是从具体的组织及其实践活动进行切入，是实证性的研究。因为以公益组织诚信建设为着力点探析社会整体诚信建设的研究目前还不够，所以本书拟将公益组织作为考察社会诚信问题的切口，借此研究公益组织的契机，从公益组织的理论渊源、实践伦理和角色功能确证诚信道德价值对公益组织的应然地位，也必将为公益组织的诚信实践提供理论依据。

相比较既有公益伦理中的人道精神、志愿精神等，诚信显然具有更加重要的时代特征，首先因为现代公益组织不再仅仅是感性的自发的松散集合，随着公益组织走向法人治理、成为社会的职业化部门，它与其他广义性社会组织一样，也必然要面临一个治理的问题，诚信治理也应当成为公益伦理的内涵建设。其次因为公益组织成为社会福利分配越来越重要的角色，成为政府与社会沟通的中介平台，成为风险性社会不可或缺的自治性力量，公益组织社会角色功能的发挥必然需要在其应然精神中注入真实性、公开性、契约性等诚信价值要素，否则将会带来一系列的社会问题。因而，本书对公益组织诚信问题的研究以及诚信生态建设的探索，将会充实关于公益组织伦理的理论。

本书所探讨的诚信生态体系建设,在当今语境下也具有深远的实践意义。在完善社会治理、推动社会创新的新时代,党和政府越来越深刻地意识到解决社会的问题需要一种协同治理的新思维,党的十八大提出了"五位一体"建设中国特色社会主义新布局,把加强和创新社会管理作为建设社会主义和谐社会的重大举措,报告还提出中国特色社会主义社会管理体系中,社会管理体制、基本公共服务体系、现代社会组织体制和社会管理机制等一系列既有区别又有联系的范畴。激发社会组织活力,创新社会治理体制,已成为推进国家治理体系和治理能力现代化的重要举措。

公益组织作为社会组织的重要组成部分,只有加快诚信建设才能承担起社会协同治理的角色使命。由于在改革开放之初,我们将更多的精力放在了经济领域,我国社会组织尤其是公益组织的发展中还存在着不少规范性不足和价值性失序的问题,而当我们认识到社会改革的迫切性时,整个社会的道德环境又面临着较大的困境,因此,以公益组织作为一个研究对象,探索一条诚信治理的路径,也是推动社会协同治理的一个重要环节。

公民的诚信意识和行为影响着组织和社会的诚信水平,这是毋庸置疑的。诚信是建立于社会关系和活动中的道德准则,具有实践性。从现有的诚信教育来看,公民所接受的更多的是理论或者概念上的一种认知,一种认知要内化为自身的行动准则,必然要通过实践的途径。

公益组织是公民自愿结成或参与的联合体,公益组织把背景不同的公民聚合在一起,通过组织结构或组织活动形成一种集体性意识,这十分有利于培育成员或者参与人的诚信价值观,可以说参与公益活动是公民培育自身道德素养的重要途径。如今越来越多的公众自愿参与公益、发起公益、成立公益组织并很好地建设公益组织,因而公益组织既可以成为推动社会诚信水平的组织动力,也可以成为塑造个体诚信品质的组织环境,公益组织可以成为当今中国社会一个十分重要的诚信建设阵地,而对公益组织诚信问题的研究无疑也会进一步丰富公民诚信教育的实证性研究。

公益组织涉及的社会域是极其广泛的,组织的宗旨本身就是社会公共利益的实现,组织的资源也是来自各方的捐赠或奉献,组织的运作一定程度上则需要依赖于广泛的社会公众,也就是说,公益组织的产生及其活动联结着各种社会关系,当公益组织具有较高的诚信水平时,它也必然会促进其所联结的社会关系建立信任、遵守契约、高效合作,这无疑会推进中国社会普遍信任关系的建立,而这正是自古以来"特殊信任"存量丰富而"普遍信任"不足的中国社会所急切需要的社会资本。

本书以期通过以上几个方面的探讨,实现以下几个方面的理论创新与实践创新,为我国公益事业的发展提供一定可资借鉴的理论支撑与智力支持。

首先,本书从公益组织的组织特质和现实情境出发,首次提出了"公益组织诚信生态"这一概念,形构公益生态系统的基础性框架。公益组织的发展必然要建立系统性视野,这已成为研究学界及公益业界的共识,但问题是,共生互动不是简单合作就可以建立起来的,它必然要有良性的机制发生作用,在公益组织被曝光的失信事件中不难发现,正是因为组织发展环境中的内外要素或多或少存在着诚信度不足的状态,才使得失信的行为得以生发,而这些行为最终损害的是各方的利益,因而,诚信生态的实现是社会的目标期待，也是公益事业发展的必然趋势。公益生态的概念已有提出，但公益组织诚信生态鲜有涉及，这是本书的首要创新点。

其次，本书在公益组织诚信生态的理论框架下，以现实案例为基础，剖析了公益组织失信行为中深层次的政治性、经济性和文化性关联因素，从而揭示了公益组织失信行为的客观样态。公益组织的失信行为不能简单地归因为一个组织的失范行为，而应当以更加客观的尺度对失信进行剖析。从社会的几大构成系统中去挖掘其与公益组织失信相关联的因素，这是本书的创新点之二。

此外，本书从多个维度确证了诚信与公益组织价值精神的高度契合，从而为公益组织伦理注入新的核心要素。一般意义上的公益组织伦理包含有人道、自治、志愿和利他等精神要义，以及非营利性、公益性等价值属性。一般认为，诚信已然包含于这些精神价值中无须再强调，但是随着失信问题的不断出现，也随着公益组织职业化的趋向，诚信也应当作为公益组织的伦理而被提出，而本书正将为此做出一定的理论创新。

最后，本书将系统、结构等分析工具应用到社会科学研究领域。系统性视角符合中国公益组织的发展特点，也对应着中国公益组织的现实地位。中国公益组织的发展不仅折射着社会的变迁，也反映着社会的现实，公益组织的生存策略和道路选择都不可避免地与历史和现实勾连在一起。承认公益组织的失信问题是社会主义初级阶段发展中不可避免的失序现象，并将公益组织诚信生态的形成作为社会走向现代文明的重要标志，是本书努力揭示的理论真谛。

李　敏

2018年7月于上海浦东

目 录

绪论 ·································· 1
  一、问题缘起——公益组织失信问题日益严峻 ············ 1
  二、分析视角——公益组织失信的系统性考察 ············ 3
  三、现实路径——公益组织诚信生态建设 ·············· 11

第一章　诚信：公益组织的价值基石 ················ 13
  第一节　公益组织及其特点 ······················ 13
    一、公益组织概述 ························· 13
    二、中国公益组织的历史与现状 ··················· 17
  第二节　诚信的多视角解读 ······················ 23
    一、诚信的内涵释义 ························ 23
    二、诚信的外延拓展 ························ 28
    三、诚信的特征 ·························· 33
  第三节　公益组织理论渊源中的诚信意蕴 ··············· 37
    一、诚信是公益组织进行社会福利分配的道德准则 ········ 38
    二、诚信是公益组织作为志缘共同体的基本精神 ········· 42
    三、诚信是公益组织推动公民社会权利实现的

　　　　价值杠杆 ··· 47
　第四节　公益组织伦理属性中的诚信应然 ················· 50
　　一、公益组织的人道关怀：真诚朴素的情感 ············ 50
　　二、公益组织的自治属性：真实意愿的行动 ············ 52
　　三、公益组织的行动目标：诚意兑现的承诺 ············ 55
　第五节　诚信公益组织的多维度功能 ······················· 59
　　一、诚信的公益组织提升社会道德 ······················· 59
　　二、诚信的公益组织促进社会和谐 ······················· 61
　　三、诚信的公益组织推动文化转型 ······················· 64
　　四、诚信的公益组织助力经济发展 ······················· 66

第二章　公益组织诚信生态的内涵阐释与基本框架 ············ 70
　第一节　诚信生态的一般性概述 ····························· 70
　　一、生态视角——一种社会结构理论范式 ··············· 71
　　二、诚信生态的概念阐释 ···································· 74
　第二节　公益组织诚信生态的内涵阐释 ···················· 76
　　一、与公益组织生态相关的已有理论基础 ··············· 77
　　二、公益组织诚信生态提出的现实必要性 ··············· 79
　　三、公益组织诚信生态的构建理路 ······················· 81
　　四、公益组织诚信生态的伦理意义 ······················· 83
　　五、公益组织诚信生态的具体特点 ······················· 84
　第三节　公益组织诚信生态的基本框架 ···················· 87
　　一、核心层：公益组织 ······································· 87
　　二、次级层：公益行业 ······································· 90
　　三、外围层：社会公益环境 ································· 91

第三章　诚信生态框架下公益组织的失信问题及影响因素 …… 99

第一节　公益组织失信行为及主观性影响因素 …… 99
一、组织在"公益"标签下牟取私益 …… 100
二、组织内部治理不善且对信息和活动不公开 …… 102
三、组织借互联网平台开展异化的公益活动 …… 104

第二节　公益组织失信现象及其客观性影响因素 …… 106
一、利益关联方不诚信影响组织诚信形象 …… 107
二、资源不足的困境影响组织公益方式的"过界" …… 109
三、监督不足而指责有余的舆论会造成组织的诚信社会评价升级 …… 111

第三节　公益组织诚信生态失衡的风险 …… 113
一、对社会公益事业发展的阻碍 …… 114
二、对社会诚信建设的不利影响 …… 116
三、对政府公信力的进一步削弱 …… 117
四、对社会人际信任的破坏 …… 117
五、导致社会资源的流失 …… 119

第四节　公益组织诚信生态的总体预期 …… 120
一、公益组织失信并非主流 …… 121
二、起步阶段失信风险现实存在 …… 122

第四章　公益组织诚信生态失衡现象的深层因素及剖析 …… 124

第一节　公益组织诚信生态失衡的组织主体因素 …… 124
一、公益产权的模糊性与组织失信问题 …… 125
二、公益产品的特殊性与组织失信问题 …… 127

三、"公益人"假设与组织失信问题 …………………… 128
　　四、公益组织内部治理与组织失信问题 ………………… 131
　　五、公益行动使命与组织失信问题 ……………………… 134
第二节　公益组织诚信生态失衡的政治性因素 …………… 137
　　一、政治权力对公益组织的影响 ………………………… 137
　　二、权力越位导致组织的失信风险 ……………………… 139
　　三、法制供给不足弱化组织的诚信约束 ………………… 145
　　四、行政管理局限组织的诚信能力发展 ………………… 146
第三节　公益组织诚信生态失衡的市场性因素 …………… 148
　　一、公益组织走向市场的现实必要性 …………………… 149
　　二、公益组织市场化活动中的失信风险 ………………… 151
　　三、公益组织与企业合作过程中的失信风险 …………… 153
第四节　公益组织诚信生态失衡的文化性因素 …………… 155
　　一、公益组织发展的文化土壤 …………………………… 155
　　二、公益文化淡薄的负面影响 …………………………… 156
　　三、传统文化中的消极因素 ……………………………… 159
　　四、转型过程中其他文化影响因素 ……………………… 161

第五章　公益组织诚信生态建设的现实路径 …………… 163
第一节　公益组织诚信生态建设中的组织举措 …………… 164
　　一、公益组织的"诚信道德"定位 ……………………… 164
　　二、公益组织的"诚信自律"建设 ……………………… 166
　　三、公益组织的"诚信能力"锻造 ……………………… 169
第二节　公益组织诚信生态中的行业建设 ………………… 170
　　一、行业性自律联盟建设 ………………………………… 170

二、行业性问题的研究与探索 …………………………… 172
　三、行业资源的共享减少分散性行为的风险 …………… 173
第三节　公益组织诚信生态建设中的政治性支持要素 …… 174
　一、角色地位的体制安排提升组织诚信的自我期待 …… 174
　二、法律制度的充分供给增强组织诚信的管理规范 …… 177
　三、监管体系的科学构建形成组织诚信的保障控制 …… 180
第四节　公益组织诚信生态建设中的市场性支持要素 …… 184
　一、公益市场规制保障组织行为的诚信度 ……………… 184
　二、公益市场机制的完善促生诚信组织的竞争力 ……… 186
　三、合作约束机制推动组织与企业的诚信共生 ………… 187
第五节　公益组织诚信生态建设中的文化性支持要素 …… 189
　一、建立现代诚信文化的社会认同 ……………………… 190
　二、建立公益文化的社会认同 …………………………… 191
　三、以教育为核心的认同建设路径 ……………………… 194

结语 ………………………………………………………… 202

主要参考文献 ……………………………………………… 205
　一、中文文献 ……………………………………………… 205
　二、外文文献 ……………………………………………… 220

后记 ………………………………………………………… 222

绪　　论

改革开放之后，中国的公益事业得到了蓬勃的发展，但我国公益各方面的建设还处于起步阶段，特别是在急剧的现代转型过程中，一方面，各种社会问题大量增加，需要公益组织发挥更多的功能，但另一方面，包括公益慈善事业在内的社会领域改革和发展又远远落后于经济领域，这使公益组织的体制改革、制度规范、资源供给和价值认同等方面的建设都相对缓慢，使公益组织的发展面临诸多现实问题。在近些年频频出现的公益组织失信事件中，这些问题无疑都或多或少地发生着影响和作用，而这些问题之间也存在着相互的因果关联，这就使公益组织失信问题不能再仅仅面向组织这个主体，更应从政治体制、经济发展和文化转型等交织的因素中挖掘深层次的生发机理。

一、问题缘起——公益组织失信问题日益严峻

在当今时代，公益组织的运行发展状况及其诚信道德水平已经成为衡量一个国家经济发展、社会繁荣和民族文明的重要指标。

公益组织的发展体现着国家经济实力的增长，社会资源中用于公益分配的比例在扩大，市场主体或者社会个体在满足了自身

需求的同时，拥有了富余的财力去投入公益活动中，政府部门也通过转移支付或者购买服务等方式支持公益组织；公益组织的发展表征着社会精神文明程度的提升，公益代表着人道关怀和责任意识，意味着社会生活的主体从私域的场所走向公域的空间，在这个空间里他们通过自我奉献让渡了一部分私益，锻造着品格，提升着境界；公益组织的发展还暗含着公权力的某种让渡和下放，代表着政治民主的向度和社会共生的宽度，伴随着公益组织的发展，社会将逐渐生成和扩展出极其广阔的共治和共享空间。

在公益组织的发展路径中，诚信始终是核心的价值要义。公益组织汇聚和分配社会资源需要诚信的社会形象，形成志愿共同体需要诚信作为精神纽带，维护社会公平、实现公民权利需要诚信地履行章程承诺，救助弱者、化解风险需要诚信的行动实践……可以说，公益组织何以存在的理论渊源、如何发展的行动准则，以及发展为何的功能实现，都证明着诚信价值要义的首当性和必要性。

现实中，公益组织的诚信状况却并不容乐观。近些年，与公益组织蓬勃发展同时出现的是社会现实中公益组织不诚信行为不断被曝光的现象。如"美国妈妈"状告"中国妈妈"胡曼丽侵吞捐款以为私用的民事案件，"尚德诈捐门事件"爆出中国慈善总会涉嫌违规操作，"中非希望工程事件"使得中国青少年发展基金会陷入被社会各界质疑的境地，"施乐会以慈善之名收取'网络置顶费'的事件"等。最值得一提的是对整个公益事业带来致命一击的"郭美美炫富事件"，该事件的发生使中国公益事业陷入了巨大的诚信危机之中。此外，还有未在官方监管范围之内的大量未登记草根公益组织，他们在活动中也不时存在着不规范和不诚信，这些现实都在追问着公益在中国社会实践中的道德性。

诚信是公益组织实现福利分配、履行宗旨章程和推动社会有序结社的价值基石,如果不以真诚的态度做公益,而是赶时髦或者以道德作标签,甚或打着公益的幌子谋取私利;如果不以公开透明的方式去运作公益,而是或遮遮掩掩或暗箱操作,甚或有私下侵吞公益资源的腐败行为;如果不主动加强自律规范,而是寻找他律途径,让那些并非出自公益精神而活动的人处在管理真空中,失信的风险就会极大增加。

诚信在某种程度上对公益组织的存亡具有决定性意义。中国红十字会作为我国公益组织的领军者,因"郭美美事件"而陷入了诚信危机中,后来虽通过一系列的补救行动试图挽回社会的公信力和捐赠公众的情感,但仍无法恢复危机之前的形象,并极大地影响了社会捐赠资源的流向。一些本身就比较弱的草根公益组织一旦受到社会对其诚信的质疑,基本上就很难再存续下去。不仅如此,公益组织不诚信所带来的政治性、经济性和道德性风险也是巨大的,因而公益组织要更加注重诚信规范和实践,用李克强总理的话讲,要成为一个"透明口袋",才能获得社会的信任和支持。

公益组织具有非营利属性和人道救助、自愿奉献的精神宗旨,诚信本应是其价值诉求中的应有之义,公益组织亦代表着社会的良心和爱心,它的分配资源来自社会无偿捐赠,而面对要去救助的社会弱势群体、要去解决的公共性困境,是什么导致公益组织的行为违背了诚信的价值准则?

二、分析视角——公益组织失信的系统性考察

公益组织是一种社会开放性较大、嵌入性较强的组织形态,组织的社会功能、行动方式和内部结构等特质使它与其他社会部门

之间也必然存在着紧密联系。公益组织的目标是公共利益,这与党和政府的目标之间必然会有交集之处。同时,公益组织代表着社会自治力量,又必然会与管理社会的公共部门产生联系,特别是在"强政府"格局下的中国社会,现代公益组织的发育成长才刚刚开始,来自政治系统的体制环境、制度供给和行政管理等要素将很大程度上决定着公益组织是否拥有健康的生存空间,是否处于良性的发展轨道。其次,公益组织是实现"第三次分配"的部门,其要想获得生存与发展并实现公益目的,必然要通过参与商业活动、借鉴市场性机制、与市场主体合作等方式筹集分配性资源,来自市场系统中的道德规约、有效机制以及合作者的自律意识也影响着组织在筹措资源、提升自身"造血"能力过程中的公益性和道德性。最后,公益组织聚合着广泛的社会群体,组织架构相对松散,正式成员较少,在开展活动中需要召集服务期不定的志愿者,同时,公益组织还关涉不同的利益群体,无论是公益投入者还是公益受惠者,都处在相对的变动和广泛的联结之中,而如此广泛而流动的相关群体也必然会对组织本身的行为及其目标产生深刻影响。

此外,在国家治理现代化的背景下,社会公益事业的发展必然是一项社会整体性的事业,是一项伟大的社会治理工程,以这项整体事业的主体公益组织作为对象的研究,特别是当这项研究的落脚点放在社会诚信建设之上时,系统性考察就是一个必需的研究视角。

因而,从系统性的研究视角考察公益组织的诚信问题,就产生了"公益组织诚信生态"的概念,公益组织诚信生态是为推动并实现公益组织的诚信而形成的一种良性道德生态,它是以公益组织为核心,以影响公益组织诚信的外部关联因素为要素,以这些关联要素所在的层级系统的诚信建设为动力而实现的一种公益组织道德生态。在这一生态系统中,公益组织是核心层,公益行业是次级层,政治系统、市场系统和文化系统中的相关要素共同构成了公益组织诚信生态的社会层。

在诚信生态的理论框架下对公益组织现状进行考察不难发现,当今时代,中国公益组织诚信生态存在着失衡问题,而不断被曝光的公益组织失信行为正是失衡问题的直接表现。本书剖析归纳出导致公益组织诚信生态失衡的多重原因,具体有以下几点。

第一,公益组织自身结构并非完美无瑕,存在着失信空间。公益产权模糊,捐赠者的无偿捐赠实质上是一种产权转移,对于转移之后产权的归属却未有相关的法律规定,而组织承诺捐赠之后,公益资源的产权是否属于受益人也同样不明确,因此,公益资源的产权模糊使其存在着责任主体的缺失,从而会产生失信的道德风险。同时,在我国当前公益组织运作的现实中,管理结构松散,理事会和监事会责权不分;管理和执行人员的专业化程度低,导致公益项目执行效率不足,且没有相应的问责机制和监督机制;组织资源的支配往往由少数组织高层管理者自行决定,刚性约束的缺乏使资源在流转过程中就很容易存在滋生私欲的罅隙,而当自律和他律机制未能有效运行时,公益组织侵占公益资源的失信行为也就很容易发生了。

此外,公益组织专业化、专门化、职业化和社会化倾向也会降低公益人的志愿动机,这在一定程度上会使公益人放弃公益追求,转而在组织中寻找自利的空间。现代公益组织逐渐脱离了早期慈善组织、宗教组织以人道情感、自愿奉献为动机且组织化程度并不太高的松散状态,基于自发情感纽带而建立的早期慈善组织更加突出精神性、伦理性的诉求,个人的私利被放置于利益的最末端,而组织的松散性也使组织的共益性和目标性并不明显。但随着慈善向公益发展,为解决更加复杂的社会问题,情感因素逐步让位于理性因素,这一类组织逐渐走向职业化和专门化,同时在组织规模扩大的过程中,也会出现个人搭便车问题,使其行动的公益性和志愿性动机减弱。

第二,在中国较为特殊的政治体制之下,政治性因素与公益组织之间关系紧密,从而使它必然成为考察诚信生态问题的重要维度。受到中国传统集权社会和计划经济时代单位制社会的影响,官办公益是中国的既有路径传统,虽然经历了30多年的市场经济洗礼以及由此带来的社会结构性变化,中国社会终于内生出了民间公益组织发展的需求,但是任何的改革或转型都会面临"路径依赖",尤其是在一个大国,转型和变革都并非易事,因此无论如何,在现有阶段,对中国公益组织问题的考察都要或多或少地从政治系统中建立视角。

在影响公益组织诚信生态失衡的政治性因素中,权力问题是绕不开的,具体而言,一是权力未能实现其应有的功能,它或者过于严格地压抑了组织自主性,反而使组织本身产生一定的对立情绪,或者越位干预并以权力作为保护伞,名正言顺地将公益资源收归其有,而当权力产生异化,试图以公益组织之名为自身谋取私利时,组织的公益性将会严重流失,其带来的负面效应是可以想见的。曾经被业界评为"中国实力最强"的慈善基金——河南宋庆龄基金会,被爆其筹集款项的主要去向竟是自己旗下的投资公司。河南宋庆龄基金会2011年的年报显示,基金会近30亿元的资产中,有24亿元之多被委托给其董事长出资成立的河南宋基投资有限公司,如果根据《基金会管理条例》中"公益事业支出不得低于上一年总收入的70%"的规定,河南宋庆龄基金会此举属严重的违规行为,最终却以"内部自查自纠"了事。二是权力理应为公益组织发展提供具体的法制、管理和保障,然而由于权力在这一方面又恰恰存在缺位,使得公益组织的发展缺乏刚性有力的制度规范,公益组织的行为得不到有效的制约和良性的引导。很多国家对保障公益组织诚信的法制供给和执行都非常重视。美国《美利坚合众国宪法》第一条、第十四条修正案,还有《国内税收法典》及各州相关法律都对公益组织的成立、登记、监督、财务审核和评估等方面做出了规定,相比较而言,虽然我国现阶段已经有了不少的法律法规,但在约束公益组织失信的力度上显得疲软不力。很多制度规范都由民政部或财政部制定,它们作为部门规章的身份显然不足以对公益组织失信问题及责任者实施法律层面的制裁,这也是当前公益组织失信问题频发的重要原因。三是在权力实施管理的过程中同样存在着弊端,主管部门对涉及公益组织财务方面的资源登记管理、收支明细规范以及财务监督审核机制等方面的规定中存在着漏洞,对公益人才薪酬标准规定过低、对民间基金会取得公募权的门槛设置过高,还有一些不合理的免税政策,导致公益组织和行业对政府的行政管理不满,这些都在一定程度上影响了公益组织的健康发展。

第三,在中国处于社会主义初级阶段以及公益事业处于起步阶段的历史时期,资源问题成为公益组织发展的核心诉求,而作为与资源筹集、分配紧密相关的市场性因素,也就成了考察诚信生态问题的重要维度。社会的诸多需要成为公益组织承担重要角色的"现实必须",然而,在现实必要条件之下还应当有一个"现实可行",也就是说,公益组织要发挥自身的角色功能还需要手中掌握着可供调动和分配的资源。作为运作性的组织自不必说,即便是倡导性的公益社团也要有日常管理和活动执行所需要的经费,否则,"巧妇也难为无米之炊",因此,如何获取资源、有效利用并扩大资源成为公益组织的一个主要问题。经济活动的规律表明,只有市场机制才是资源有效配置的手段,因而,公益组织必须也要利用市场机制,启动市场思维,参与市场活动,才能达到资源获取并有效配置的目的,继而才能更好更广地惠及于公共的利益。

公益组织诚信生态失衡问题中不乏市场性因素的存在。一方面,中国市场经济本身仍处于初级阶段,市场所需要的契约精神、法治文化和诚信机制尚未形成,一旦市场机制进入公益领域,它也不可能马上摒弃自身的瑕疵,因而公益组织市场化过程中也就不可避免地存在着失范现象,有的是组织本身不诚信所致,有的则是市场活动相关方失信不遵守承诺,导致组织承担连带责任。例如"尚德诈捐门事件",尚德作为一家企业承诺资助公益组织承办一项公益活动,并通过组织开具发票获得了免税资格,然而尚德的资金却迟迟不到位,在这一案例中,公益组织显然不存在主观上的不诚信,但最终"不诚信公益活动"的评价却需要组织来承受。

另一方面,影响公益组织诚信生态失衡的市场性因素中还存在着一个天然的矛盾:市场培育着营利的主体,而公益组织则具有非营利性,两者的结合必然会有一个内在的矛盾。公益组织并非不能营利,这也是它可以走向市场的前提,公益组织非营利性是指营利结果不能用于私人分配,只能用于公益的目的,也就是说通过营利的过程实现非营利的公益目的。在现实中,公益组织中的失信行为无疑是这一对矛盾失衡的体现,一些公益组织以市场手段进行"造血",却违背了道义,以金钱多少作为衡量救助优先的准则,丧失了组织的人道关怀精神;一些组织则以企业合作为由,出卖公益标签,赚取社会公众的良善,以达到牟利之目的。

诚然,一项活动的过程与目的之间本身存在着相互渗透、相互交错的现象,公益组织市场化活动中的执行者毕竟是活生生的人,他不可能完全做到纯粹的公益指向;公益组织市场化活动中还存在大量不可控因素,因而也不能保证过程与目的完全对接。因此,如何让营利性与非营利性这一对矛盾实现对立统一的平衡,需要一个试错的过程,当然也需要一系列的市场规约和参与人的诚信自觉。公益组织本身要十分清醒,市场性手段固然可以成为资源有效配置和增加的工具,但要有度,要有底线,特别是不能违背公益的伦理和组织的宗旨。公益伦理若丧失于公益资源的创造中,组织的宗旨若背离于组织的行为中,公益组织便会失却它的属性和功能,最严重的结果是沦为一个追求特殊利益的组织,从而完全失去诚信。

第四,公益扎根于社会空间,社会文化对公益组织及其活动产生着最深层的影响,因而文化性因素也是考察公益组织诚信生态问题的重要维度。一方面,公益组织由志愿结社的社会个体联结而成,相比较政府机构或者企业实体,组织的架构具有一定的松散性,因此,成员及相关人的自主意识和个体意识显得十分突出,他们的心理动机和行为规范几乎决定着公益组织的道德水平及其公益目的的实现,而无论是专业公益人,还是参与志愿者抑或利益相关人,都需要通过社会文化环境的熏染获得稳定的心理和行为。另一方面,公益组织的资源来自社会,活动面向社会,无论是对资源捐赠的关注还是对资源流向的监督,道德、理性、成熟、稳定的社会文化都起着引导性的作用。

一是社会文化土壤中适合现代公益文明的元素还有待培育，这使公益文化缺乏自生的社会机制和充分的价值要素。由于公益组织所担当的公共责任是公域性活动，它与中国私欲文化的发达具有一定程度的不兼容。中国人注重家庭利益，社会公众参与公益的坚定性和可持续性还不足，同时由于缺乏现代公益文明所需要的价值要素，公益组织的专业化程度还不够，组织及其成员诚信自律意识、合法竞争合作模式以及外部他律观念也相对欠缺。也就是说，由于公益文化的稀薄，不仅公益组织自身的良性发展会受到一定阻碍，社会各系统对公益组织的支持力量也都还不成熟，这种支持不仅是捐助性支持，更有约束性支持，其中就包含着对公益组织的诚信约束。

二是传统文化中的一些因素仍从不同方面影响着组织内外部的制度环境和文化环境，"关系文化"下的潜规则消解着正式制度的效力，"家长制"作风影响组织的民主平等决策，"家文化"发达挤压着"公共精神"的生长，这些传统文化土壤中承续下来的因子不是现代公益组织良性发育的营养要素，而是要去摒除的文化积弊。

三是转型时期出现的一些文化意识问题，如现代诚信文化机制尚未形成、公民文化中尚缺乏理性等，都会对公益组织产生不同程度的负面作用。现代社会亟须形成相应的现代诚信文化机制，而这恰恰是长久以来"特殊信任"而非"普遍信任"的国度面临的现实难题；公民文化虽然得到了极大的发展，然而公民文化中最重要的理性还较为缺乏，理性意识让公民的公益行为不再仅仅停留于感性的捐赠活动，更要作为一个重要的社会监督者去履行自身的公民责任，理性的公民在面对公益组织失范问题时，也会主张通过法律途径或合理沟通加以解决。

三、现实路径——公益组织诚信生态建设

通过对我国公益组织诚信生态失衡原因的多维度考察，我们不难发现公益组织失信行为的生发具有综合性和复杂性，它不仅仅是组织自身谋取私利那么简单，也不仅仅是组织成员的不诚实守信。按照因果法则，要结出理想的果就需要依据现实的因，既然现实的因是多维的，那么为了获得理想的果，就要多维的策略来应对多维的因。为了实现公益组织的诚信之果，必须要按照失信之因设计对策，诚信生态的建设正是围绕公益组织诚信生态失衡的诸多因果关系所形构的思路和对策。

公益组织诚信生态中的核心层建设主要有：公益组织自身的诚信道德定位、诚信自律建设以及诚信能力锻造，次级层建设主要是形成公益组织的"诚信联盟"。公益组织诚信生态中的社会层建设有：立足于政治系统的制度安排，包括组织角色地位的体制安排、约束组织行为的法律制度供给、保障组织诚信的监管评估体系；立足于市场系统的系列规约，包括公益市场化行为的诚信规制、公益组织竞争机制的不断完善，以及企业与公益组织合作中的相互约束；立足于文化系统的认同建设，包括现代诚信文化和社会公益文化的认同内容，和以教育为核心并体现于社会、行业和组织等领域的认同路径。

公益组织的诚信生态具有广泛性和深刻性的伦理意义。公益组织诚信生态可以形成良性的社会合力，共同推动社会公益事业的发展；可以推动政治系统的自我变革，并提升政府公信力，因而在有着官办公益传统的中国社会，诚信生态中其他层级的力量将会推动公益组织的体制改革，通过改变政府与公益组织关系中的一些不合理因素，使政府自身的社会公信力得到提升；可以增进中

国市场系统中的契约、法治等必要的精神元素,并提升市场主体的社会责任意识,诚信生态中其他层级的力量将会要求市场形成合作契约关系,并进一步促进市场主体承担社会的责任;公益组织诚信生态还会使参与人和相关人广泛认同并传播诚信文化和公益文明,从而推动社会的进步。

第一章　诚信：公益组织的价值基石

第一节　公益组织及其特点

公益组织是以公益为目的的社会组织，属于非营利领域，国际上一般将属于非营利领域的组织统称为非营利组织。公益组织既具有非营利组织的一般特性，也有区别于如互益性组织等其他组织的特点。特别是在中国的社会文化背景中，公益组织这一社会角色，无论是在历史变迁还是现实发展中都表现出一定的独特性。

一、公益组织概述

（一）社会组织的一般性特点

组织化是社会存在的必然和必需，广义的社会组织是指人类进行特定活动的各种联合体形式，吉登斯认为"一个组织可以被定义为一群人为实现特定目标的联合"[1]。狭义的社会组织是指区别于政治领域的政府和经济领域的企业等主体，对应于社会领

---

[1] 安东尼·吉登斯.社会学[M].4版.北京：北京大学出版社，2003：468.

域的组织形式,具有非政府性和非营利性等特点的现代社会组织。

当今世界,在国家与社会、国家与市场以及市场与社会之间,以及在社会各子系统可能存在的公共领域中,存在和兴起了形态各异、诉求多元的社会组织,使社会呈现出一片复杂而错综的景象。一般认为,这些代表着社会能力和权力的组织具有非营利性、非政府性、志愿性、自治性、公益性等共同特点。在社会实践中,社会组织更多地被冠以非政府组织(Non-governmental Organization,NGO)和非营利组织(Non-profit Organization,NPO)等称谓。

莱斯特·萨拉蒙(Lester M. Salamo)认为,非营利领域有六个特征:一是正规性,也就是有一定的组织或机构;二是私立性,也就是与政府分离的非政府性;三是非利润分配性,也就是组织的利润不应为个人或者组织本身进行分配;四是自我治理性,也就是组织能控制自己的活动;五是志愿性,也就是要体现显著程度的志愿参与;六是公益性,也就是组织需服务于某些公共目的和为公众奉献[①]。

非政府性着重强调组织的非政治化、非官方化属性,即社会组织与政府机构有明显不同,其独立于政府而存在,活动经费由组织自筹,不纳入政府财政预算,也不存在类似于政府机构的科层制官僚体系。非营利性则体现于社会组织与企业运作机制的差异之上,尽管资产保值增值也是社会组织运作的重要前提之一,但社会组织的资产不属于任何个人所有,获取组织利润最大化也不是社会组织活动的唯一目的。同时,社会组织活动的资产筹集、组织运行和服务供给都离不开社会的供给和社会的需求。

---

① 萨拉蒙.非营利领域及其存在的原因[M]//李亚平,于海.第三域的兴起——西方志愿工作及志愿组织理论文选.上海:复旦大学出版社,1998:31.

非政府性和非营利性是社会组织最重要的特征,此外,自治性、志愿性和公益性也是社会组织不可缺少的属性。自治性强调组织的自由度,组织在一定程度上能自由决定活动项目、运作机制和目标群体等,实践志愿活动或开展志愿计划应当是通过公开的、不受限制的决策程序并自由地进行选取。志愿性是指由具有共同旨趣的社群所组建的团体,且其运作的工程和项目范围相对自由和比较广泛,涵盖社会公共领域的方方面面。这种志愿性本质上讲是私人性的,但并不是说工作是不取报酬的,它更重要的是说参与公益活动的意愿是自由选择的。公益性主要强调组织的目标,公益性强调组织的目的是增进公共整体的利益,而非私人特定的利益。

（二）公益组织的特点

公益组织是完全以实现公益为目标的社会组织。公益并非高高在上的道德空谈,也并非概念游戏,否则会陷入空谈的虚无或者分散的紊乱中,公益的本质应当是实践的,它与现实社会发生着极其紧密的联系。公益或者表现为社会共同关注问题的解决,如环保、动物保护;或者体现出传统的慈善救助性,特别是自然灾害所引发的救助需要;或者表现为对社会发展中某些特殊问题的关注和解决。这些特殊问题虽具有特定性,但关注问题的出发点并非私益性。

不管是作为理念的公益精神还是作为实在的公益资源,都需要通过现实的载体去完成公益的使命,而公益组织正是这一使命的承载者。公益组织是将公益从理念具化为行为,从行为落实到结果的载体,通过它,公益实现的过程也会逐步形成系统性和稳定性,从而更好地增进社会福祉。"公益慈善力除了个人之外,最重要的不是个人有想法就可以了,它是公共利益社会自组织系统的自治能力,通过自主结社的形式而形成的组织,这才具有跟以往政府公务完全不同的公益基因,即用私力通过自由结社来构筑公共空间。"①

从历史发展的进程来看,承载公益使命的组织无外乎三种:宗教组织、公益组织和政府组织。宗教组织进行公益活动的历史可以追溯到宗教组织刚刚出现的时期,很多宗教组织都是在赈济灾民、施舍贫民、开设粥厂等活动中兴盛起来的,可以说,宗教组织是与公益结缘最早,并在历史发展的过程中长期存在的重要载体。然而随着公益事业现代化、专业化的要求,宗教组织在公益活动中渐渐退居次席,其发挥的作用也逐渐为现代公益组织所取代。政府参与公益活动的形式与宗教组织和公益组织不尽相同,兼有两者的特点。政府一方面在某个历史阶段是公益活动的直接承担者,另一方面又随着经济社会的发展逐渐退居后台,为现代公益事业提供制度保障和资源支持。因此,当人类文明迈入现代社会的阶段之后,公益组织逐渐替代宗教组织和政府组织而成为公益活动的主要载体,成为现代公益的主要发起者与承载者。

从目前各国立法以及理论研究看,公益组织的定义可以表述为:"在法律允许的领域内,向不特定的多数人无偿或以较优惠条件提供服务,从而使服务对象受益的社会组织。"②从立法实践和法学研究的角度来看,公益组织可以按照不同的标准划分为:法人型和非法人型公益组织;社团式和财团式公益组织;公募型公益组织和非公募型公益组织;运作型公益组织和动员型公益组织;登记注册型公益组织和未登记型公益组织。

---

① 何道峰.公益慈善力代表国家现代化与文明程度[N].南方都市报,2014-05-25.
② 杨道波,王旭芳.公益性社会组织的法律定位思考[J].理论探索,2009(3).

二、中国公益组织的历史与现状

在中国特殊的文化土壤中,组织的历史形态主要是传统的以血缘为纽带的宗族组织,其间也有熟人圈联结的一些具有特定目的的乡村自治组织,如乡学、社仓等,也有极少数以业缘为纽带的早期现代社团萌芽于商业较发达的地区,如商会、行会等。在近代西方基督教文化传播的过程中,曾出现过一些以赈灾济贫为主旨的社会组织,如华洋义赈会等。这些中西合璧、具有强烈社会责任感和人道主义使命感的组织一度成为民国时期重要的社会力量。

真正现代意义上的社会组织产生于清末民初。晚清政府于1908年8月27日颁布的《钦定宪法大纲》第二部分第二条提到:"臣民于法律范围以内,所有言论、著作、出版及集会、结社等事,均准其自由。"[①]这是中国历代政府首次正式在法律层面确立民间结社的自由。历经北洋政府和南京国民政府的统治,我国社会组织也获得了一定的发展,在抗日战争和解放战争期间也曾发挥过一定的作用。

新中国成立后,中华人民共和国政务院于1950年10月颁布了《中央政务院社会团体登记暂行办法》,我国社会组织进入了一个新的发展时期[②]。计划经济时期,由于国家与社会的关系呈现出垂直型结构,社会在计划经济体制的轨道下,组织呈现出单位化的格局,个人被分配到具体的单位中。这些国营、集体单位不再只是一个个的经济实体,而是更加具备了实实在在的社会职能的政治性组织,具有无所不能、无所不包的功能,这种包办一切的分配

---

① 李传敢. 近代中国宪政历程:史料荟萃[M]. 北京:中国政法大学出版社,2004:128.
② 中央政务院社会团体登记暂行办法[J]. 福建政报,1950,2(10).

格局让社会机体在具有稳定性的同时亦丧失了创造性,社会的活动能量未能得到有效释放。

在单位制组织格局之下,社会组织发展所依存的扁平化空间结构未能出现,因此社会组织的影响力不大,作用有限。据统计,《中央政务院社会团体登记暂行办法》颁布之后,当时登记的全国性社团有44个,至1966年"文化大革命"开始前,全国性社团已发展至将近100个,登记的地方性社团也有近6 000个[①]。"文化大革命"的十年间,我国的政府组织遭到了巨大的破坏,社会组织的发展也自然处于停滞状态,这种状况直到1978年十一届三中全会召开之后才得到改观。

从1978年开始至20世纪80年代末期,随着经济体制、政治体制改革的推进,自由结社成为一种时尚和潮流。尤其是在学术界、艺术界,一些新的思想通过对"文革"的反思而渐渐形成流派,新时期的知识分子在获得自由的同时,也开始以结社的方式去寻找反思、创造的狂欢盛宴,中国社会组织在这一时期获得了长足的发展,为我国经济社会的发展做出了重大的贡献。

这一发展势头持续到20世纪80年代末期,受到政治风波的影响,90年代初,国家开始将注意力转向对社会组织的收编和管理上,通过一系列政策、举措,努力让社会组织的活动成为一种符合规则的常态。1999年6月28日,第九届全国人民代表大会常务委员会第十次会议通过了《中华人民共和国公益事业捐赠法》,这部法律的颁布为我国公益事业摆脱长期以来"强政府"的影响,走向社会化发展道路,起到了重要的推动作用。

进入21世纪以来,2003年"非典"疫情既是一次卫生领域的

---

① 刘振国.中国社会组织的治理创新——基于地方政府实践的分析[J].经济社会体制比较(双月刊),2010(3).

高危机事件,同时也促进了政府自身的反思。在这样一场突发迅猛、波及面广泛的灾难面前,政府的应对能力终归是有限的,必须要加大对社会组织的培育,尤其是在灾难面前可以有所担当的公益组织。而在这场危机中,以中国红十字会为代表的公益组织也的确表现出了非凡的能力和不可或缺的作用。

2004年3月8日,国务院颁布《基金会管理条例》,自此,基金会作为一种单独的组织形态从社会团体中分化出来。该条例的出台对我国非公募基金会的发展起到了巨大的推动作用,各种基金会以雨后春笋般的迅猛态势发展起来,大批的非公募基金会参与到我国的公益事业中,截至2015年,中国已经有4 000多家公益性基金会[1]。

与此同时,我国各类社会团体、民办非企业单位等社会组织快速成长起来,为社会提供了大量优质的公共服务,在教育、医疗、卫生、养老等领域中成为政府治理社会的重要合作伙伴。可以预见的是,随着中国人口教育水平的提升,以及城镇化进程对传统生活格局的打破,大量的公民将以业缘、志缘为纽带,去寻找自己的生存方式抑或精神归宿,大量志愿者群体的出现已经成为大大小小的天灾人祸危机中一道温暖而亮丽的风景线。

2004年9月26日,党的十六届四中全会通过了《中共中央关于加强党的执政能力建设的决定》,其中首次出现了"社会组织"的提法,更明确提出"发挥社团、行业组织和社会中介组织提供服务、反映诉求、规范行为的作用,形成社会管理和社会服务的合力"[2]。2006年10月18日,党的十六届六中全会通过《关于构建社会主义和谐社会若干问题的重大决定》,正式提出了"社会组织"概念,

---

[1] 杨绍功.我国有各类基金会4 000多家[N].光明日报,2015-12-22.
[2] 关于加强党执政能力建设的决定[N].人民日报,2004-09-27.

这是党和国家首次以正式文件的形式对社会组织的概念、功能、管理等方面加以界定,中国社会组织自此具有了正式的"身份"。

在我国的法律法规体系中,对社会组织及其主要类型做出了规定,我国的社会组织主要有社会团体、非企业单位和基金会三种类型。社会团体是指"中国公民自愿组成,为实现会员共同意愿,按照其章程开展活动的非营利性社会组织"①。民办非企业单位是"由企业事业单位、社会团体和其他社会力量举办的或由上述组织与个人共同举办的从事非营利性社会服务活动的社会组织"②。基金会"指利用自然人、法人或者其他组织捐赠的财产,以从事公益事业为目的,按照本条例的规定成立的非营利性法人"③。

2010年10月27日,党的十七届五中全会通过了《中共中央关于制定国民经济和社会发展第十二个五年规划的建议》,其中提出"改革基本公共服务提供方式,引入竞争机制,扩大购买服务,实现提供主体和提供方式多元化"④。2012年4月17日,国务院颁布的《关于分类推进事业单位改革的指导意见》也明确指出,完善相关政策,放宽准入领域,推进公平准入,鼓励社会力量依法进入公益事业领域。这些文件的出台表明,我国政治体制改革、政府职能转变方面都对社会组织提出了新的要求。

在这样的背景下,2013年11月12日,党的十八届三中全会通过的《中共中央关于全面深化改革若干重大问题的决定》中,多

---

① 社会团体登记管理条例[S/OL]. [2013-04-01]. http://mjzx.mca.gov.cn/article/zcfg/201304/20130400437175.shtml.
② 民办非企业单位登记管理暂行条例[S/OL]. [2013-04-01]. http://mjzx.mca.gov.cn/article/zcfg/201304/20130400437169.shtml.
③ 基金会管理条例[S/OL]. [2004-03-19]. http://www.mca.gov.cn/article/zwgk/tzl/200711/20071100003953.shtml.
④ 中共中央关于制定国民经济和社会发展第十二个五年规划的建议[N]. 人民日报, 2010-10-28.

达13次提到了"社会组织",对社会组织在"创新社会治理体制"这一重大战略任务中发挥的作用寄予厚望。

2013年底,国家对行业协会商会类、科技类、公益慈善类和城乡社区服务类等社会组织逐步放开登记,在各个社会服务领域中涌现出了大量的社会组织。2014年,社会组织等多元社会主体参与到社会管理和社会服务的方方面面中,成了政府管理社会的合作伙伴和得力助手。

如今,中国社会对公益服务的需求越来越旺盛,人民群众在充分享受物质文明成功的同时,亦逐渐产生了对多样化公共服务的需求,政府受其特殊性质和有限能力的制约,不可能充分满足这些需求,因此社会中潜藏着巨大的创造力和供给力。鼓励社会力量投入公益事业可以弥补政府供给的单一性和短缺性,满足社会的多元化公益需求。而政府则需要转变为社会公益服务力量的培育者、引导者和监督者。改革开放后,随着西方文化窗口的逐步打开,早已在西方社会产生巨大影响的"第三部门浪潮""新公共管理运动"等也涌向了国内,而改革步伐越来越大的中国,社会活力也获得了极大的激发。

激发的社会活力使公益组织如雨后春笋般涌现出来,越来越多的人投身于公益事业之中,有著名的企业家,如曹德旺、陈光标等,虽然选择的公益方式不同,但其结果无疑都推动了中国公益事业的进步,增加了公益资源的供给;也有普通的老百姓,他们或成立各种组织倡导环保、慈善、精神文化等公共事业,或以一己之力募捐善款,为公益的点滴汇流成海做出自己的贡献。做公益代表着一种价值观的实践,一种自我实现的完成,在以"仁"为核心的传统儒家文化指引下,自古以来,中国社会中的"利他"精神、"仁爱"精神并不缺乏,而以"家族"观念和"家国同构"为渊源的传统文化里,也同样潜藏着"天下兴亡,匹夫有责""万众一心,众志成城"的整体利益优先法则。这些文化条件是今日中国公益事业兴盛不衰的原因。在这种公益浪潮的推动下,公益组织获得了全方位和多角度领域的拓展。传统的灾害救助、儿童福利、环保诉讼等问题依然得到组织的密切关注,而组织的功能也在行动中得到了拓展和延伸。新《环保法》的实施使得全国近700家环保组织获得诉讼资格;鲁甸地震发生后,公益组织结盟协作并自发组建大本营以供应救灾物资……一些新的领域也被新公益项目"占领"。基金会和一些民非机构主办的徒步公益筹款活动异常火爆;"冰桶挑战"这种最初在国外兴起的公益项目在国内同样开展得风生水起,在筹款的同时又向公众普及了公益理念。

在公益组织日益蓬勃发展的趋势中,有一个问题正在凸显,这就是公益组织的诚信建设问题。诚信是公益组织生存发展的生命线,公益组织的精神价值已然不仅包含诚信,而且要高于诚信,因为它是道德良心和责任共识的凝聚。公益组织的生存与发展都依赖于诚信,没有诚信的价值理念和行动表现,公益组织就无法聚拢起相对自愿的公益意愿、公益人和公益资源,因为大多数的社会公益活动都需要以信任作为媒介,依靠社会自愿自发的力量去达成目标。同时,以公益组织诚信建设作为路径应当是推进社会整体诚信水平的有效之道,这是因为公益组织具有上承下载的中观层地位,每一个组织作为共同体连接和拢聚着流动中的社会个体,大大小小的各种组织又拼合和勾连成一个社会的有机体,因而,公益组织的诚信水平是社会整体诚信水平的"晴雨表",公益组织的诚信建设也必然会推动社会的整体诚信建设。因此,探究公益组织与诚信两者之间的内在联系,夯实公益组织及其相关者的诚信价值共识,这是寻求社会诚信建设的必要之路,而寻找到这条建设道路的正确方法,首先就是要对"诚信"本身进行多视角的解读及研究。

第二节 诚信的多视角解读

"诚信"是从人类社会共同生活的经验中所提升和凝萃,并超越于时空的价值理念,具有普世性和恒定性。从普遍性内涵来看,诚信的道德要求具有诸多相同的核心要素,但诚信又并非仅仅是一种抽象的道德空谈,其作为一种社会意识,俨然会受制于社会存在的作用和影响,它在不同的时空背景和文化土壤中产生了丰富的内涵和广阔的外延,它植根于社会的交往活动中,因而具有了深刻的现实性。在不同的现实情境下,诚信具有了相对性和普遍性的对立统一;在不同的对象那里,诚信具有了多侧面的考察和评价标准;在每一个社会个体的内心深处,诚信又具有稳定性和变易性的心理特质,等等。总之,诚信是丰富而立体的,对诚信的研究和解读也必然是多视角和多层面的。

一、诚信的内涵释义

关于诚信的概念,不同的社会文化赋予了其一定的特殊内涵,中西方的研究语境和视角里也有不同的理解和结论。

(一)中国文化传统中的诚信

中国的政治、经济、文化生活具有独特性,因此,诚信在中国的传统文化语境中也就有着中国的特征和面貌,在几千年的历史发展进程中,诚信已经成为一种美德,深深地根植于中国的传统文化体系中。

中国的农耕文明深深地倚赖于大自然，这就使得在中国人的信仰世界里，都将自然崇拜作为宗教信仰。人们通过观察天象，试图发现某些自然规律，四季的轮回，昼夜的更替，草木的生长，花开与花落，这些自然现象都不以人的意志为转移，而是有其内部的规律和秩序。"这使古代哲人非常感慨，有鉴于人的世界已存在'诈、藏、奸、妄、虚'等不真实之现象，于是，古人将天之诚道移至人间，成为人之道的要求，提出'思诚者，人之道也'。一个'思'字道出了'诚'并非出自人的本性，而是人在道德上的追求。因而在古代伦理思想中，'诚'体现为一种非常崇高的道德境界，是与天道本性相一致的至高境界，它同时成为对人道德上的期望，即对人德性的要求。"[①]

在发端于农耕文明、崇尚天道即人道的伦理文化里，"诚信"是一个恒常不变的话题，众多的文献中都记载了古代精英们关于诚信的观点和论述。《易纬》中记载："人生而应八卦之体，得五气以为五常，仁、义、礼、智、信是也。……故道兴于仁，立于礼，理于义，定于信，成于智。五者，道德之分，天人之际也。"也有《中庸》上说"诚者，天之道也；诚之者，人之道也"，这些关于"诚"的表述具有一定的宗教式视角，表明了中国文化中道德规范的缘起同西方文化一样，也离不开人们对不可知力量的探究与敬畏。正如基督教文化中的不少教义成为社会的道德规范一样，在缺乏宗教传统的中国文化渊源里，古人对"诚"的这一表述正是对"天道"的一种遵循。

在中国的传统文化语境中，"诚"包含着对人的忠诚和对己的不自欺。在王阳明看来，"自诚明，谓之性"，对己的不自欺则是对

---

① 余玉花.诚信与社会主义政治文明建设[J].湖北行政学院学报，2004(2).

"心性"修炼,"诚"是追求"本心""真心",达到"知行合一"的途径①。将对人的忠诚作为个人品质的最高衡量标准,与中国社会的等级观念密不可分。在儒家文化体系中,"血缘"为纽带,"辈分"为等级标准,构建着一个个社会的单细胞——家族,以"家族"为模式,逐步放大为整个社会,则构建着一个庞大的"家国"社会结构。在家族中,祖先、长辈优越于后人、晚辈,因此后者要忠诚于前者;在家国中,君主、官员地位高于臣子、百姓,后者同样要忠诚于前者。儒家的忠诚观受到封建统治者的大力弘扬,成为封建社会的核心价值观念,也获得了自上而下强有力的社会认同。

尽管中国传统文化中的诚信强调对人的忠诚暗含了一定的等级色彩,"三纲"中的"君臣、父子和夫妻"关系即是等级色彩忠诚观的完整体现,但由于古代社会结构的相对简单,社会的价值观念相对单一,忠诚观在很大程度上推动了人们对诚的重视和遵循。当儒家思想逐渐在历史发展进程中确立自己的主流意识形态地位时,忠诚的观念就构成了中华文明价值观念的基石。

随着中国社会结构的变迁和文明的转型,道德领域出现了破与立衔接、新与旧冲突的困境,社会失信问题频频发生,传统文化中的诚信作为一种社会意识也面临着传承发扬、适应调整并重新焕发生机的现实议题。社会存在决定社会意识,传统文化侧重忠诚,注重通过自省到达诚信自律,以及围绕熟人社会和约定俗成等社会机制而自发建立的诚信道德,在工业文明、信息文明、流动性强的陌生人社会和公域空间不断拓展的时空体系里,已经出现了较明显的不适应。现代性超越于传统性就在于其打破了社会的固化和藩篱,赋予个体自由和权利,但实现个人自由和权利的前提是

---

① 梁漱溟.梁漱溟先生论儒佛道[M].桂林:广西师范大学出版社,2004:156.

秩序,因而,维护秩序的规范以及保证规范实施的方式就成了现代社会的亟须。对社会诚信建设而言,在倡导和传承其普世性和核心性价值内涵的同时,需要寻找并探索到基于诚信的多维度内涵而建立起的诚信规范。

(二)西方文化传统中的诚信

西方文化中的诚信价值源头可以追溯到古希腊城邦时代商贸文明之中的契约精神。在简单的商品贸易交换行为中,订立并遵守契约是必需的条件,由于交易双方大多是陌生人,且交易行为可能是随机的或者一次性的,那么保障交易双方利益实现的手段只能是具有法律意义的契约。契约本质上是一种强制信用,契约并不必然保障信用,但是在一定程度上可以遏制不诚信的动机和行为,因为契约的背后是法律的强制力,当彼此诚信以待,按照契约完成交易时,双方利益会得到充分实现,反之,则会受到不诚信的法律惩罚。在这种具有稳定性的强制信任之下,久而久之,人们会产生出契约精神,也即是以主动的诚信履约替代被动的强制遵守。因此,从源头上而言,西方商贸文明中的契约精神是将诚信首先作为了一种交往规则。

罗马帝国时代基督教精神信仰则以一种"超我"的自律方式稳固着诚信在西方文化中的价值确立。在基督教文化中,"信"是第一要义,首先是对上帝的信仰,相信上帝的存在和伟大,再就是相信上帝的话,按照《圣经》里的要义而行事,"口吐真言,永远坚立;舌说谎话,只存片时","说谎言的嘴,为耶和华所憎恶;行事诚实的,为他所喜悦"[1]。除了教义里将"诚信"作为做人的基本品德外,基督教徒还要求相信自身的罪恶需要进行灵魂的洗礼和救赎。

---

[1] 圣经:箴言[M].12章19、22节.

无论是哪一种层面的"信",基督教中所遵循的"信仰""信奉"等思想都促进了不自欺、守信用等价值规则的传播和建立。因此可以说,基督教中"信"的教义与商贸文明中的契约精神一起构成了西方文化中的诚信源头。

西方自由主义经济学的鼻祖、古典经济学家亚当·斯密(Adam Smith)在充分阐述了"理性人"在利己主义基础上促进社会总体繁荣的理论之后,又紧接着对此进行了道德上的探讨,强调了在自由交易的过程中信用规范的重要性,社会在鼓励个人追逐私利的同时也必须要倡导人性中的"同情"心理,从而建立诚信的市场经济。

进入 20 世纪后,社会问题特别是价值问题凸显复杂,多学科的学者对诚信的研究产生了浓厚的兴趣,并结合各学科特点,从实践角度做了大量的调研和分析,对诚信概念的诠释也出现了多层次、多侧面的解读。心理学学科将诚信作为个体的性格特点,认为诚信具有一定的天赋性因素,并据此开发出了评估个体诚信水平的度量工具,组织学、管理学等学科则将诚信作为一个行为的概念,认为诚信并不等同于诚实,它更多的是个体对于道德规则的认同和承诺。现代西方的诚信研究及应用有几个突出的特点:注重实践性操作,注重具体性分解,注重制度性规范,注重事前性防范。西方诚信研究中的偏好运用到管理中,组织借助工具检测员工诚信度,在选拔员工时以其诚信行为结果作为依据,在制度设计上有前瞻性的考量,把一些特殊的情景和某些冲突的可能都预计在内。西方诚信研究及其在组织中的运用使西方的诚信管理积累了丰富的经验,也在一定程度上促进了西方社会诚信机制的形成。

无论是中国还是西方都有着悠久的诚信传统文化,对于诚信的理解基本上都保持着核心意义上的一致,即诚信是人的高贵品德，是社会所需要的价值规则。两种文化视角的区别在于实现诚信的手段有所侧重，中国一直以来强调道德通过修身可以完善，诚信道德也可以通过克制私欲、修炼心性而达到，而西方则更加强调外在制度规则的作用，无论是信奉宗教还是遵守契约，都是建立在对外在制度力量的敬畏和尊重之上。当然，即便是以刚性制度约束为主，也并不能否认西方人对诚信的价值认同。

二、诚信的外延拓展

诚信是由"诚"和"信"两个概念构成。"诚"多指人的一种道德人格和心理态度，与"真实""坦荡""不欺""不伪"等词语相关，具有较强的主观性色彩，属于意识和心智的范围。以"诚"为基础向外延展的结果可以称为"信"，简单地归纳为"内诚外信"。"信"主要是一种外在的表现，"信用"是基于外在表现的主观性结果，"信任"则是基于外在表现的客观性结果，"公信力"是具有公共属性的机构或组织在社会公众心中的信任水平。因而"诚实""信用""信任"以及"公信力"之间是一个有机的联系体。

（一）信用

信用是由诚信态度和行为而形成的自然结果，是外部对某一个人或组织的历史过程的总结性评估。信用主要就是对口头或书面承诺的信守和履约，即我们日常讲到的"言必信，行必果"，讲信用必然会存在真实诚恳的心理驱动和行为态度，但讲信用更多的是来自对规则的遵守和对承诺的坚持，是一种责任精神。所以我们时常会用"某人讲信用""某组织信用水平高"去评论个体或组织的信用。

对于个人而言，信用不但是一种基于诚信道德的内涵之义，也具有经济上的属性，一方面，信用产生于商品交换过程之中，使得

"买"和"卖"两个行为产生时间、空间上交错的可能性，进一步促进了商品经济的发展。现代社会中使用的信用卡对不同的人有不同的透支额度，就是基于发放银行对个人信用记录、个人职业的社会信用水平等方面的考虑，有的人因为过去有不良信用记录而信用额度较低或根本无法申请成功，有的人可能没有历史记录，那么就根据其职业社会信用水平为依据，教师、公务员、国企管理人员等社会信用水平较高的人的信用透支额度也相对较高。另一方面，信用是一种无形的精神资本和社会资本，信用度高的个人和组织总是会得到更高的社会赞誉，而社会赞誉还能带来实实在在的有形物质资本或者良好机会，在其他竞争条件相同的条件下，讲信用的人和组织在社会交往诸如生意交易、借贷行为等活动中，总是能获得更多的机会和帮助。

当今社会处于市场经济时代，大多数市场主体交易活动都体现于信用关系之中。可以说，市场经济就是信用经济，加上信息产业的突飞猛进，使个人和组织的信用能以记录的方式加以体现，并以互动的方式形成共享，因此，讲信用、守承诺，在市场经济和信息技术时代显然具有了更加理性和深刻的含义。这种深刻的含义随着社会的发展也会上升为法律制度，诸如征信制度的设计、社会代码的编号等举措都是从法制上规约社会信用水平的方式。

（二）信任

信任是一种社会交往心理，一个人是否信任他人和组织的心理意识决定于信任对象自身的信用水平，也会受到整体信用环境的影响。心理学家对信任的研究产出了不少成果，"囚徒困境"的实验揭示了信任的本质，其并非个体与其他个体之间互动的概念，而是存在于个体内部的性格特质。信任关系中的人们会减少规约的成本，减低自身利益受损的潜在风险。为什么会减低这种风险呢?这显然是有一个心理凭据,这个心理凭据就是对方的信用。信用是一个历史过程的记录或者印象,尤其在现代的信息社会中,信用可以通过制度成为个人或组织的社会印记,也成为人们之间是否产生信任的心理凭据。

信任是一种积极的心理预期,是个体予以其信任对象的正面期望,这种期望往往意味着对未来的交往对象或活动有一个较好的心理预期,即在交往行为尚未发生之前,自动地降低对自身利益不确定的风险的评估。信任关系发生时,个体期望其信任对象做出有利或至少不损害自身利益的行为,一旦信任对象损害了自身的利益,信任便显现出脆弱性的一面,信任关系也就宣告破裂。

信任作为一种心理意识不仅体现于个体,也体现于社会层面,属于社会心理和文化的范畴。尼克拉斯·卢曼(Niklas Luhmann)认为,"信任是用来简化社会交往复杂性的机制,是对产生风险的外部条件的一种纯粹的内心估估"[①]。因此,信任也不可避免地受到社会文化的作用和影响,一些社会学家也通过分析社会文化和国民性格来研究信任,福山(Francis Fukuyama)就将信任理解为一种"从社群内分享的规范和价值观中产生出来的一种合理期待"[②]。福山还根据对信任产生于社会文化的判断,通过实证研究得出了中国属于"低信任度社会",而美国、日本属于"高信任度国家"的结论。

信任发端于个体的心理意识,建立于社会的交往关系中,影响着个人、组织的活动及整个社会的运行。信任满足个体的安全感

---

① 尼克拉斯·卢曼.信任:一个社会复杂性的简化机制[M].上海:上海人民出版社,2006:3.
② 弗兰西斯·福山.信任:社会道德与繁荣的创造[M].呼和浩特:远方出版社,1998:194.

需要,也能让个体的意识和行为充满乐观和希望,从而获得更好的生存和发展权。信任是社会组织有效管理的保障,信任能建立起组织之间的合作,减少利益和矛盾的冲突,降低成员互动行为的成本,节约组织资源,一个信任的组织环境能让员工产生积极的心态,从而提升生产绩效,也能通过潜移默化的环境文化渗透去产生价值认同,进一步推动组织的良性运转。对于整体社会而言,信任是道德文明的标志,是社会各系统和谐共生的机制,一个讲信用、信任度高的社会是一个秩序稳定的社会,这样的社会系统能创造出繁荣和美好的物质精神财富。

(三)公信力

公信力体现出公众的信任心理水平。"公信力"概念最早出现在新闻传媒领域,现在与公权力部门的社会评价的联系逐渐紧密起来。公信力代表着社会总体性的信任水平,是一种宏观向度的信任,代表着更广泛社会空间的信任,主要指向具有公共属性的组织,也会指向社会影响力较大的公众人物。与信任一样,公信力也是一种心理机制和行动态度,指公众对公共组织的相信和信任心理,以及在这种心理机制支配下积极配合的支持行动,也即是公众的信任心理水平会产生回报性能量,表现为公众对组织的态度和行为。回报性能量具有正负两个面向,即当信任心理水平高时,回报性能量是正的,反之亦然。因此,公信力实质上是一种社会心理,公益组织的公信力高低则是指组织的利益相关者和社会公众对组织理念是否认可,对组织行动是否支持,对组织倡议是否响应,正如公信力对政府合法性具有至关重要的影响一样,公信力则决定着他们对公益组织的捐助和奉献,这是公益组织资源获取的重要渠道,决定着公益组织的生存与发展。

与一般信任有所区别的是,公信力的信任主体之间不是基于交往中的对等关系,公共部门之所以能获得公共属性,如政府部门能获得执政合法性和超越于个人权力的公权力,首先就已经获得了公众交予的信任;公益组织能获得社会无偿的捐助和奉献,首先就已经获取了公众对其理念和行为的认同。因此,公信力是这种前设性信任的维持和延续,被信任的对象需要在公众监督之下继续履行公共责任,公平地分配公共利益,维护社会的平等和正义,而不是在前设信任的基础上为所欲为。信任的心理属性意味着它具有一定的变化性和波动性,如果公共属性的组织不以诚信姿态保护和尊重这种信任,那么公众只能通过冷漠、抗争甚至反对等方式去表达他们的不信任。

公信力的维护和增进依赖于公信对象所具有的三个维度。一是角色合法性,即指公民对政府架构、公益组织的角色合法性及其属性功能的认同接受,公众通过参与政治和社会生活,并对其中的感受体验和理性认识构建内心的角色认同度,且以积极支持、被动接受、冷漠厌恶或者反抗对立等一定的行为方式予以表达。二是行为信用,特别是与公众需求最相关的利益分配行为,政府的重要功能就是通过利益的分配调整来实现对社会价值观的一种引导,公益组织的重要功能则是通过社会资源的输入和输出的中介行为进行具有修复社会差距作用的"第三次分配",这些分配行为是否真正体现了组织的根本宗旨和价值诉求,维护了社会公正,是行为信用的体现。三是公共利益的产出结果,产出结果具有两个重要考量指标,一是生产性效率,二是社会性效益。政府和公益组织都为社会提供公共产品或者准公共产品,产品的产出是否有效配置而不是浪费了社会资源,是否满足了社会的某种需要并具有良好的道德效应,是社会性效益的基本标准。

三、诚信的特征

（一）诚信的普遍性与相对性

作为抽象的道德准则，诚信有其普遍性的标准。"诚"指"真"，不说假话、虚话，以本来的样子呈现于外，"信"在"诚信"的语境中则是指"遵守信用""兑现承诺"等。荀子把"诚"看作德行的基础，认为"致诚"则众德自备，"君子养心莫善于诚，致诚则无它事矣"，"诚信生神"，在荀子看来，诚信已然成为判断人品相的客观标准。

诸如诚信之类的道德规则之所以具有普遍性，是因为它们形成和运行于社会的长期实践活动中，并产生了有利于整体福祉的价值功能。在交往活动中，人与人之间真诚以待和彼此尊重，信息交互透明并信守承诺，显然有利于社会秩序的稳定和社会活动的有效实现。对某一行为或活动是否诚信的评价也决定于一种普遍的社会标准，一个诚信的人必然能够极大程度上满足周边个体对他的期望。在社会由传统向现代的变迁过程中，虽然诚信的社会性和时代性也发生了相应的变化，但那些普遍性的要求仍然没有改变，它们在社会道德体系中仍然具有核心地位和作用，即便在崇尚自由交换、自由竞争的自由主义市场活动中，法律是根本的规范，但诚信作为道德要求依然具有不可比拟的作用。

然而，尽管诚信是超越国家和时代的道德准则，是人类社会历经变迁而必须坚守和传承的道德文明，其评价标准具有普遍性，但在越来越复杂的人类活动及社会环境中，诚信也具有一定的相对性，如果我们不从现实的复杂情境入手去研究诚信，而仅仅只是探讨它的普遍性和一般性，那么对很多的社会失信问题就无法做到深层次的解答。诚信的相对性探讨对于如何更好地解构诚信和理解失信是一个必要的前提。

第一,诚信作为一种社会意识显然无法脱离于具体的社会发展变化,在不同的社会文化中谈论诚信问题也具有特殊性和差异性;第二,诚信是人们社会活动、社会交往的道德准则,是生发于具体的实践情境之中的,脱离了对诚信准则所践履的具体情境,则只能限于"空谈"的形而上学中,诚信的践履是在每一个主体的具体活动中实现的,其具体性就包括主体的活动目的、活动条件、活动环境、活动对象以及活动规则;第三,诚信中的核心要素固然是"讲真话",但讲假话是否意味着不诚信呢?在必要的场合或者在面对特殊对象时,讲假话却有着正当性和合理性,此种情境中讲假话的动机并非恶意,甚至有时候是"善意的谎言"。

探讨诚信的相对性并非是为了对一些失范行为进行道德辩护,而是对道德价值在现实中的实践所进行的更加理性和成熟的分析,防止一些"道德绑架"的绝对化行为所产生的极端性结果。在复杂的现实生活中,对某一行为的道德评价往往需要把握其所处的具体情境。

(二)诚信的稳定性与变易性

诚信的心理学视角可以从几个方面进行考察,首先,诚信心理具有一定的天然性和稳定性,这可以从"儿童的诚信度较高","孩子会讲真话"等现象中得到证明。同时,作为社会所普遍期望的道德准则和价值规范,诚信会对社会个体的心理产生投射,即一般来说,每个人心中都会或多或少地产生自我的价值需要,没有人天生希望自己成为不诚信的人,所以,诚信心理来自个体天然的自我价值诉求。

其次,诚信心理的形成具有过程性,并由此产生变易性。过程性是指诚信心理的形成会有一个由自发到自觉的转化和选择的过程。从天然的、自发的"诚信"意识演变成为理性的、自觉的"诚信"

观念,是一个主体认识与客观环境在不断的交互渗透中所最终达成的一种自觉的选择。也就是说,"如婴儿乎"般的诚信是人的自发和天然状态,而"卫道士"般的诚信则是人在教育化和社会化之后的一种自我选择,在这个过程中,并非每一个人最终都会成为诚信的"卫道士",在诚信心理形成的过程中,会由于主客观的因素而导致诚信心理的变异。外在环境是否诚信是影响诚信心理的根本客观原因,"诚信者,信诚也","信"是"信赖","诚"是"遵照规则",所谓诚信,就是相信别人的自律,相信外在环境是一个他人自觉遵守规则的诚信环境,因此,自己也要自律,要讲诚信。

主体自身诚信行为的反馈结果是影响其诚信心理的根本主观原因,诚信心理在经历行动实践后会因反馈与预期之间的关系而被调整。诚信行为的反馈结果如果符合自我预期,即当主体选择诚信行为后获得了积极的结果,那么这属于正反馈,正反馈会进一步强化诚信心理的稳定,反之则是属于负反馈,负反馈将动摇甚至破坏信任心理的稳定。

心理的特征揭示了诚信需要通过教育认知和行为实践来形成它的稳定性,也需要通过制度约束和机制保障去防止它的变易性。

(三)诚信的个体层面和组织层面

表现形式上,诚信存在着个体层面和组织层面的差别。在中国传统文化中,诚信首先是作为个体必备的道德品格而存在的。孟子认为,"是故诚者,天之道也,思诚者,人之道也。至诚而不动者,未之有也。不诚,未有能动者也"[①]。荀子认为,"天地为大矣,不诚则不能化万物;圣人为知矣,不诚则不能化万民;父子为亲矣,不诚则疏;君上为尊矣,不诚则卑"[②]。特别值得一提的是"诚意正

---

① 杨伯峻.孟子译注[M].北京:中华书局,1960:173.
② 王先谦.荀子集解[M].北京:中华书局,1988:29.

心",它是中国传统知识分子"修身齐家治国平天下"的前提条件,没有真诚的意愿和踏实的心态,接下来的一切道德修炼和志向抱负都会偏离正确的价值轨道。而在西方文化传统中,自古希腊城邦时代起,道德就成了知识分子一直追问并研究的命题,对道德的研究也使得这一时期形成了西方文化的黄金时代。尽管伴随着统治集团的兴替和社会结构的变化,每一个时代的道德规则都有着一定的变化,但诚信的品格则是为历代先贤所推崇,最终成为一种普世的价值观念,植根于西方文明之中。因而,从历史源头去考察诚信不难发现,诚信首先是在个体水平上的道德要求。

相比较个体诚信,组织诚信则更加复杂,首先组织是个体的集合,个体又是独立的意识主体,组织不可能要求每个人都自觉拥有诚信人格和诚信信念;同时,受到具体情境的影响和外部力量的制约,组织在活动的实施过程中也不可能是一帆风顺的,在这其中可能会出现"有诚信想法却无诚信行为,有诚信之因但结不出诚信之果"的现象。

苏州大学应用心理学研究所的学者将组织诚信概括为"诚实、守信、精诚和诚直"四个方面[①]。这是从一般性视角对组织诚信提出的要求,是较为普遍的评价标准,适用于组织也适用于个人。其实,组织与个体之间的诚信差别在于组织是一个存在着较大变量的行动整体,组织行动的变量主要是来自组织与外部环境的互动,对于组织是否诚信的评价是一个由相关因素组成的多维度衡量结果,甚至对这一结果的评价也并不存在着一致性。从组织外部视角看,组织诚信就是组织的外部社会环境对组织是否诚信的一种形象认同和道德评价,对于大大小小、林林总总的每一个组织而

---

① 沈淼,邵爱国,于国庆,朱永新.组织管理诚信与组织承诺之关系研究[J].心理科学,2006,29(2).

言,外部环境主要由组织的利益相关者和监督评价方所构成,如对于一个企业而言,投资者、产品消费者是其利益相关者,政府、传媒和公众是监督评价者,它们构成了企业是否诚信的验证方和评价方。企业信守融资回报和产品质量的承诺,对于投资者和消费者来说便是诚信的。监督评价方则主要站在社会整体的立场上,去监督和评价企业行为是否符合法律法规,是否符合产品质量标准,是否维护了消费者的利益,等等。

对于组织水平的诚信而言,它不仅是一个基于外部行动的整体评价,同时也是一个基于内部状态的总体衡量。组织诚信的内部衡量主要是针对组织内部的成员及相互形成的关系而言,在一个组织的内部,如果成员权责明晰且彼此之间相互尊重、真诚相待,成员有强烈的责任共识去维护组织的诚信形象,并且无论对内还是对外都能建立起良性的协作关系,那么这一组织的诚信度一定是高水平的,组织的内部诚信管理一定是完善规范的。组织内部的诚信状态直接反映在外部,体现着组织的信用和社会美誉度,并直接决定着组织的发展前景。

第三节 公益组织理论渊源中的诚信意蕴

公益组织是以公益为目的的社会组织,公益性强调组织的目的是为了增进公共的整体的利益而非私人的特定的利益。从目前各国立法以及理论研究看,公益性社会组织主要包括几下几种形式:法人型和非法人型公益组织;社团式和财团式公益组织;公募型公益组织和非公募型公益组织;运作型公益组织和动员型公组织;登记注册型公益组织和未登记型公益组织。在我国,社会组织有三种形式,包括社会团体、民办非企业单位和基金会,而公益组织存在于这三种组织形式中,它是无偿地或以较优惠价格为社会提供公益性资源和服务的社会组织。公益组织中的"公益"是一个历史弥久的人类社会命题,公益组织的出现和发展也经过了漫长的时代变迁,在有关公益组织的各种理论源头中,如社会福利思想、共同体理论及公民权利观念等社会科学的研究成果,诚信的价值意蕴处处显现,彰显着诚信与公益组织属性之间的高度契合。

一、诚信是公益组织进行社会福利分配的道德准则

（一）公益组织是社会福利分配的重要角色

社会福利是公共利益的体现,一直以来,关于社会福利的增进过程和分配原则产生过不少经典性的思想成果,功利主义、正义论原则以及马克思的福利思想都是其中的代表。社会福利主义思想强调通过公正、合法、合理、有序的手段将社会的总体资源分配给社会的成员,以保障成员的幸福和社会的公平。

古典福利主义思想主张社会要谋求"最大多数人的最大幸福"这一功利主义原则。功利主义原则从伦理学意义上规整了一个具有终极意义的"幸福论",并以此作为社会制度安排的伦理依据,即社会制度要以"最大多数"能否感受到幸福为出发点。

功利主义之后,以罗尔斯(John Bordley Rawls)为代表的伦理学家对其进行了批判,认为功利主义之下的"最大多数"幸福是一种笼统的直觉化倾向,在其理论下出发的社会制度安排可能会违反"正当性"原则,因为"幸福"的感受是具有个体差异的,且这种差异很大程度上受到个体所接受和适应的社会制度和环境的直接影响,而如果忽略这种"社会化"之下的差异幸福,就可能导致"不正

义"的制度。在罗尔斯看来,正义的原则应当优先于对"幸福"的判断,而正义的原则有两个:"第一个正义原则:每个人对与所有人所拥有的最广泛平等的基本自由体系相容的类似自由体系都应有一种平等的权利(平等自由原则)。第二个正义原则:社会的和经济的不平等应这样安排,使它们:① 在与正义的储存原则一致的情况下,适合于最少受惠者的最大利益(差别原则);② 依系于在机会公平平等的条件下职务和地位向所有人开放(机会的公正平等原则)"[①]。

马克思社会福利思想则是近代西方社会福利思想的重要来源之一,也是有别于西方各种社会福利思想的全新的思想体系。马克思主义倡导建立生产资料公有制,取消私有制,追求自由、平等和公正。马克思不仅关注无产阶级的贫困化,更关注无产阶级福利的改善,19世纪中期的西方历史和社会条件使马克思主义社会福利思想表现出鲜明的批判性。

从以上具有代表性的社会福利主义思想的不同观点中可以看出,尽管存在着一定的理论分歧,但无论是功利主义的"最大多数"幸福,还是正义论的"正当性"社会制度安排原则和马克思的生产资料公有制制度,其理论的现实归宿都是在探讨如何增进社会公共的利益,分歧仅仅在于不同的思维角度和立足点。

应该说,公共利益不可能被完全平等地分配到社会的每一个个体那里,那只是一种理想的社会场景。社会的存在动力就在于其矛盾冲突中问题不断出现并不断被解决,即否定之否定的螺旋上升发展。福利主义思想的实质就是提出一个社会公共利益能够尽可能通过公平正义的制度手段去达成的理论框架和社会图式。

---

① 约翰·罗尔斯.正义论[M].北京:中国社会科学出版社,1988:9.

时代的变迁使社会发展中的问题愈加复杂化和多元化,在社会趋向现代性甚或后现代性的时代场景里,虽然经典福利主义的一些观点已经不能解决现实的问题,但是经典的意义就在于其理论的归宿或旨趣具有人类发展的宏观视野,因此它的理论意义是超越于时代和国家的。无论是功利主义,还是与其产生了理论分歧的正义论,以及生产资料公有制的理论和实践,都是现代社会谋求公共利益和整体福祉的理论源头和现实指向。

从狭义的理解和历史的经验上看,社会福利往往被具体化为"社会福利服务",即为帮助特殊的社会群体、疗救社会病态而提供的服务。公益组织的社会角色就是与政府共同承担着提供社会福利服务的职能。政府的福利职能体现为通过税收调节、财政转移等方式建立社会保障体系,公益组织的福利职能则是体现为通过募集资金直接进行救助,或提供服务弥补政府无法兼顾到的细节性、特殊性社会需要。尽管从总量上看,政府仍是社会福利的主要担当者,但政府提供的社会福利总是宏观和粗线条的,基于最基本和最底线的保障。尤其是在发展中的社会主义初级阶段,国家在迈进现代化的征程中尚有大量亟须解决的国内国际问题,政府的"有限责任"和"有限理性"也不可能充分地实现社会福利状态,因而公益组织作为一个以增进公共利益为目标的社会部门,理应成为社会福利供给的重要一极。

现实中,无论是国家层面还是社会层面,也都在倡导和实践着这种社会内生的福利能量,并对公益组织发挥社会福利供给功能给予了巨大的信任。作为社会福利分配的重要角色,公益组织主要是通过倡导吸引、聚集吸纳等方式汇聚社会资源,再通过活动方案、项目规划等组织化行动将这些资源进行分配。从分配的任务来看,公益组织的分配功能是对"第一次分配"和"第二次分配"之后仍留下一定的社会不公正和不平等的补偿。

(二)诚信是福利分配的道德准则

社会福利思想的实质是通过分配实现社会成员的利益和增进社会整体的福祉。福利分配关涉每个人的切身利益和社会的发展稳定,需要制度安排和道德准则,需要工具理性和价值理性。

一直以来,平等和正义是社会福利分配中的核心道德准则,伦理学家们呼吁将正义作为分配制度的首要价值,如罗尔斯就认为:"正义的主要问题是社会基本结构,或更准确地说,是社会主要制度分配基本权利与义务,决定由社会合作产生的利益之划分的方式。"[①]分配正义正是着眼于公共生活领域,通过制度性、组织性的安排,将各种社会资源公平公正地对社会成员进行分配,使人们能够过上生存和发展都满足的生活。德沃金(Ronald M. Dworkin)曾以"自愿平等"对分配的重要性予以强调,"一个分配方案在人们中间分配或转移资源,直到再也无法使他们在总体资源份额上更加平等,这时这个分配方案就做到了平等待人"[②]。

然而,对复杂的社会现实而言,分配正义本身就带有超越于现实的精神指向,社会利益的多格局、多元化、多层次使分配正义具有了高度的理想性色彩,相比较正义,诚信道德准则更具有现实主义的色彩。以公益组织的分配活动为对象展开分析,诚信是分配正义的社会实践,诚信也是分配正义的现实结果。

恪守诚信的道德准则才能实现公益资源的正义性。公益组织携带着大量的社会资源,这些资源本身就携带着正义的道德种子,公益组织是一个输送正义的桥梁,要让这座桥梁稳固坚实,就需要

---

① 约翰·罗尔斯. 正义论[M]. 北京:中国社会科学出版社,1988:5.
② 罗纳德·德沃金. 至上的美德:平等的理论与实践[M]. 南京:江苏人民出版社,2003:4.

诚信作为理念和行动的基石,相比较政府组织所具有的政治性意义,使其在运行中往往会呈现出"黑箱"现象,公益组织可以说是一个具有社会性和共享性的"透明箱",资源的输入和输出都应当公开透明,才能获得社会信用度和美誉度,从而使输入和输出呈现稳定与可持续的状态。输入方因为看到自己输入资源的流向,社会其他方因为能有监督渠道对这个"透明箱"进行观察和考察,才会继续支持公益组织的发展。诚信地实施分配活动才能保障公益资源能一以贯之地体现出社会的正义。

恪守诚信的道德准则将会实现公益组织的角色正义性,公益组织的角色是以第三次分配的手段增进社会福利,社会福利体现的则是实实在在的物质精神的资源和服务,是福利需求群体物质和精神的满足与享有,其中必然蕴含着对"真实""诚意"的诉求,否则是谈不上受益。因而公益组织在提供社会福利时,必须要真诚地履行分配职能,实事求是地去调研了解更加微观和具体的社会福利需求,并主动地承担和兑现福利承诺,在赢得社会无偿资源时能够公开公正地进行社会福利分配,这不仅能不枉民众的委托,为国家公益未来奠定坚实的信任基石,而且还扎扎实实地保障了社会福利的供给,从而体现出公益组织的正义性。

公益组织恪守诚信的道德准则,不仅能维护分配的正义,也能唤醒更多社会力量去寻求社会的正义。社会正义能激发出全社会的积极能量,这种能量既具有物质生产的创造性,同样也具有价值精神的引领性,这种积极能量能推进社会的和谐与美好。

二、诚信是公益组织作为志缘共同体的基本精神

(一)公益组织是以志缘为纽带的共同体

人类社会的存在和延续是通过不同形式、不同层次、不同性

质、不同大小的共同体进行承当和运载的。滕尼斯（Ferdinand Tnnies）结合人类社会的现实，认为社会由几个基本的共同体类型组成，一个是建立在自然基础之上的联合体，如家庭、宗族等，一些是在历史中逐渐形成的联合体，如村庄、城市，还有一些是思想的联合体，如朋友、师徒关系等。滕尼斯从一个横向层面解构了构成社会的血缘共同体、地缘共同体和宗教共同体等几种共同体类型。涂尔干则从社会团结类型入手，将社会的转型化约为从"血缘共同体"形成的机械团结转向"业缘共同体"形成的有机团结，涂尔干认为，血缘共同体同质化程度较高，个人的自主程度较低，由血缘共同体形成的机械团结社会并不具有流动性和开放性，也并不利于个人人格的完善和社会文明的进步，因此，要不断地通过劳动分工建立起新的社会纽带，特别是以职业群分的业缘纽带。

对中国而言，"血缘共同体"是长久以来维系中国社会的基本形式。中国自古以来注重血缘纽带结成的共同体生活，并衍生了相应的习俗和制度。自西周进入封建社会以来，中国传统社会的组织就是以宗法家族为核心的。小农经济以土地为生存资源，土地资源的可重复利用使家族可以一代代稳定地居住在一起，并逐渐形成了以血缘为纽带的家族宗族共同体，这些血缘形成的组织共同体就是中国的乡村社会。在中国传统的乡村社会中，以血缘作为纽带，更是以忠诚、信任等观念为价值标准，构建起了一套严密的组织秩序，延续了数千年的礼俗传统。

除血缘纽带共同体外，地缘和学缘所形成的村社、学社等社会组织也常见于中国乡村社会中，共同维护着共同体的稳定和发展。

随着社会生产力的发展以及生产关系的变化，人们结成的共同体形式也发生着巨大的变化。现代社会由于受到脱域机制的作用，打破了宗法血缘维系的社会结构，公益组织正是一种超越家元并替代族阈的现代社会合作共同体,它摆脱了血缘的局限,以志缘为纽带,凸显着志愿奉献、人道主义等道德文明,它不同于血缘关系的自然性基础和业缘关系的生产性基础,它是出于自愿热情和以公益理想为基础的合作共同体。

所谓志缘,是指基于志向、兴趣或偏好等因素而自然产生的某种连接。志缘并非是具有天然联系的血缘和地缘的纽带,也并非是生存性和生产性的业缘纽带,它是社会生产力达到了一定的水平,社会分工达到了一定的高度所逐渐形成和发展起来的,它是超越于利己主义导向的利他性纽带,也是维系着最广泛社会联系的共同体形态。志缘纽带共同体即是自由的社会个体依据内心的道德信念和责任意识,经过理性的判断和选择,在合理合法的制度规范之下相互之间所结成的组织。它不应产生任何强制性行为,它的运作是依靠每个人的内心意愿、责任意识和价值理想。

公益组织作为志缘纽带共同体的生存与发展,不仅符合中国社会衍生于血缘纽带共同体的集体主义精神指向,也是马克思的共同体思想的体现。在对资本主义共同体阶级虚伪性的批判基础上,马克思勾画出了既具有人道主义共产主义色彩又具有人本主义自由主义情怀的共同体,"对马克思来说,真正重要的是共同体到底为人的自由发展提供了怎样的条件。这是马克思探索共同体乃至表达'共同体'思想的独特之处"[①]。公益组织的使命是通过一个个小的志缘共同体的努力,去救助每一个需要帮助的人,去关怀每一个面临困境的人,从而去建设一个公正美好、人人能感受到幸福的大共同体,这与马克思的共同体思想和实践显然是殊途同归的。

---

① 秦龙.马克思对"共同体"的探索历程及其内在旨趣[J].中国浦东干部学院学报,2010(6).

公益组织作为志缘纽带共同体也是对社群主义思想的最好诠释。"社群主义"是西方知识分子对现代性、自由主义、个人权利等固有价值理念的一种反思,强调通过组织媒介实现个体的社会身份认同和民主实践,并实现个体对社会的公共责任以及在此基础之上的公共利益的实现。社群主义强调公共利益先于个人利益,提倡个人应该为公共利益的实现贡献力量甚至做出牺牲,只有公共利益的实现,才能为个人的发展提供良好的社会条件和物质保障。"建基在社群之上的组织是一些情感性的群体,发挥着地方性的扩展家庭之替代者的作用。简言之,社群是一种情感性的社会统一体,它吸纳了个别的群体和社团,因而能给个体以一种强有力的社会成员身份感。正是通过协调、结合国家和这些共同体式的群体之间的关系,社会民主制才得以运行起来。"[1]社群主义理论在以仁爱伦理观为主的传统慈善文化向以权利责任观为特征的现代公益文明转型过程中,起到了直接的影响。

(二)诚信是志缘共同体的基本精神

共同体的变化及生成不仅因循于社会生产、社会分工等实体性的变迁发展,共同体的形成和维系也要依赖价值精神发挥隐形的作用力,正如家族、宗族等共同体不仅以天然性的血缘纽带作为结构基础,还需要以与之相契合的精神文化,如忠诚观、等级观、孝悌观等作为价值基础。共同体价值精神的形成也将会对整体社会形成强大的道德约束力和内化力,在公益组织作为志缘共同体所需要的价值精神中,诚信显然具有基础性地位。

诚信是公益精神、志愿精神汇聚成组织形态的基本纽带。人的同情心与生俱来,社会上有良知、有爱心的人并不少见,如果每

---

[1] 柯文·M.布朗,苏珊·珂尼,布雷恩·特纳,约翰·K.普林斯.福利的措辞:不确定性、选择和志愿结社[M].杭州:浙江大学出版社,2010:15.

个人都按照自己的意愿去做公益和慈善,不仅会浪费个体的成本,也会造成总体资源的浪费,信息的不对称、地域的阻隔和分散行动的低效化使组织起来的公益行动比单打独斗具有无可比拟的优势。然而将分散的个体意愿形成稳定的组织行动,唯有个体之间的诚信关系才可以建立。

诚信也是公益组织维系内部良好环境的基本原则,没有人天生就是不诚信的,诚信作为一种心理特点和行为规则,很大程度上受到周边环境的影响。因为传统家庭纽带的松懈使家庭的德育功能弱化,现代人的社会交往活动和日常行为活动大多在社会化的组织环境中进行,因而现代人在业缘或志缘组织中获得的内在性塑形十分重要。当组织是一个倡导诚信、力行诚信、摒弃失信、惩处失信的共同体时,对个体行为养成和心理塑形的影响是十分大的,这个共同体会为个体诚信品格提供塑形环境,也会为成员提供个人的社会美誉度。而公益组织因为有着更高的诚信标准,从而会对个人诚信道德产生更加深刻的影响。诚信本身是公益的题中应有之义,公益意味着利他和无私,公益来不得半点的虚伪和自私,否则就不是公益,而是伪公益或者私益了,因而站在组织角度去招聘、管理和考核、评价成员,诚信应是一个最核心的指标。成员不诚信也就根本谈不上组织诚信,组织不诚信也谈不上以组织去塑造个人品格和行为,尽管在公益组织成为职业化部门的今天,我们不应对公益组织成员的道德水平过度拔高,但不可否认的事实是,作为一个公益从业者,理当更加诚信自律。

公益组织以诚信作为其基本的价值精神能汇聚起社会的公益志愿人,能培育出诚信的社会成员,并以此发挥出集体主义的优势,展现出社群主义的愿景。

三、诚信是公益组织推动公民社会权利实现的价值杠杆

（一）公益组织是公民社会权利实现的载体

权利产生自人的需要，人在寻求生存的过程中，首要的就是要满足生理需求，当生理层次需求满足以后，就会去追求心理层次的需求，包括安全的需求、归属感的需求、尊重的需求，以及自我实现的需求。公民的权利来源于个体的生理和心理需要，以及社会对这些个体需要的承认、尊重和保障。

马歇尔(John Marshall)在考察公民权演化历史的过程中，提出了公民权利的三个方面，分别是公民的基本权、政治权和社会权。基本权指人身安全、财产所有、言论出版、信仰自由等，政治权是以普选权为核心的政治参与权，社会权利则包括公民的健康、教育、医疗和养老等方面。马歇尔还特别指出，社会权是指公民"充分享有社会遗产并依据社会同行标准享受文明生活的权利等一系列权利"[1]。这三个方面的权利也构成了公民资格的三要素。

依据对公民权利的划分和对公民资格的界定，马歇尔认为对穷人援助就是满足他们的权利，只有实现福利社会，公民的权利才能完全得到实现。他的这一结论将公益慈善活动纳入了公民社会权利的命题中，提出"给予援助并不是一种仁慈的行为，而是在满足一种权利——尽管从严格意义上讲，它不是一种权利"[2]。与此同时，马歇尔的公民权利理论也从平等的角度出发，提出了作为公民的社会个体理应享有平等的"国民待遇"，认为这是每一个人与生俱来的社会权利，因而在援助的施与方和接收方那里，援助行为都体现着公民社会权利的实现，一个是基于责任的权利实现，一个

---

[1] T. H. 马歇尔. 公民身份与社会阶级[M]. 南京：江苏人民出版社，2007：8.
[2] T. H. 马歇尔. 公民身份与社会阶级[M]. 南京：江苏人民出版社，2007：49.

是基于保障的权利实现。

从马歇尔对公民权利演化路径的研究中可以发现,与援助行为相关的公民社会权利,其源头可以追溯到传统社会的社团等共同体成员资格。可以说,包括慈善组织在内的传统社会团体是公民权利历史发展的载体,而现代公益组织的存在发展则正是对公民权利的诠释和公民权利实现的途径。

公益组织作为公民权利实现的载体和路径主要体现在,一方面,大多数公益组织是一个公益供需进行对接的平台,体现着公民社会权利的内涵。提供公益资源的公民和接受公益资源的公民,前者为公益组织提供物资捐赠或精神奉献,对捐赠者而言,捐赠的行为既是权利也是责任,体现着公民权责的一致性,后者是公益资源的接受方,体现着公民权利中的生存发展要求,前后两者之间应当是一种平等关系。正如犹太式慈善观念中讲到的:"行善应该是行善者的义务,而不是高高在上的恩赐;同时,这也是接受者的权利。总而言之,捐赠者与受赠者是完全平等的。"[①]另一方面,公益组织活动的参与边界具有广泛社会性,在法律所限制的范围里,任何公民都可以成为公益组织的发起人或成员,公民有权利通过结社等活动去体现自身的价值,完成自己的使命。由此,从公民权利的这两个视角延伸并建立起来的公益组织具有了极其广阔和开放的社会触角,只要有爱心和一定的责任意识,无论能力大小,公民都可以成为公益组织的相关人。

(二)诚信是公益组织推动公民权利真正实现的价值杠杆

公益组织作为中介平台,需要以诚信作为价值杠杆才能让对接两方的公民权利能真正实现。公益组织是一个对接着公益供给

---

① 高文兴.遍布全球的犹太式慈善[N].公益时报,2015-04-14.

方与受益方的中介平台,公益行为由主体的供给和客体的需求两个面连接而成,主体在公益供给的过程中释放精神价值和体现对自我实现的追求,公益客体则形成于一系列可抗和不可抗的自然性或社会性问题,如自然灾害、自发或人为的危机、社会变迁过程中的严重两极分化,以及在发展过程中由于未能及时调整失误和偏差而产生的自然危机,如生态平衡破坏、空气严重污染以及珍稀动物濒临灭绝等。

诚信是实现供给和接受两方权利的价值杠杆。作为供给方的委托人,公益组织要真诚地接受委托任务,通过公开透明的项目运作,让供给方的意愿和目的都尽可能地完成,这是公益组织对公益供给者公民权责实现的一份承诺。而对于接受供给的受益公民而言,他们或者是社会弱势群体,或者是自然灾害或社会问题的受害者,无论起因为何,受益方这种弱势地位和受害情形从本质上而言都是其个人社会权利的某种缺失,公益组织所做的事情就是发挥分配、扶助和服务的功能去弥补这种缺失,尽可能地让他们享受到应有的权利。

诚信的价值杠杆一是要实事求是地对公益受体进行考察,避免弄虚作假的信息侵害公益供给方的权利;二是要合理公正地进行资源分配,避免为某些个人或特殊群体偏重而损害了其他受体获得救助的公民权利。只有以诚信作为公益组织的行动原则,才能既尊重捐赠主体实践公民责任的权利,又保证受益公民获得公益资源的平等权利。

还有一些背负着社会使命的公益组织,它们身上寄托着社会大多数公民的精神期待,代表着人类对真善美的价值追求,如大多数环保组织就是属于使命型公益组织。环境问题是公共性问题,对良好环境的诉求是每一位生活在恶劣环境中的公民的权利。公共问题的解决是众望所归,政府部门及一些具有社会责任的企业家或爱心人士因受制于专业力,而将解决公共问题的意愿和任务交予一些具有专业性的公益组织,并给予财力支持,公益组织应以诚心实意的态度去践履自己的委托责任,如果提供的方案仅仅是纸上谈兵不具有可行性,提供的服务差强人意,与支付价格完全不匹配,则不仅解决不了公共问题,更是对公民权利的一种损害。

第四节 公益组织伦理属性中的诚信应然

公益组织的理论渊源彰显着诚信的价值意蕴,而在公益组织的伦理属性中,无论是组织宗旨目标中的精神伦理,还是组织现实行为中的实践伦理,诚信始终都引领着价值的方向和规范的原则。从历史起源和发展历程中梳理公益组织的伦理属性,必然会论证诚信作为其价值应然的结论。

一、公益组织的人道关怀:真诚朴素的情感

(一)公益组织是人道主义情感的凝聚

公益首先源自人类共通的人道主义情感。公益的英文单词 philoanthropy 是由两个拉丁词根 philo 和 anthropy 组成,意为"爱人类",它是一种推动社会良性发展和文明进步的积极力量。从历史上看,人道主义精神是植根于人类生存发展而建立的社会关系和价值体系,这种社会关系和价值体系发端于牺牲自我利益维护他人和集体利益才能共生和延续的智慧。从人类早期的原始社会开始,公益作为最朴素的自然法则,维护着社会的秩序,维持着人类的繁衍。

在体现人类精神文明的几大宗教文化中,也无一不是以"爱""奉献""慈悲"作为基本准则。无论是东西方,还是宗教或非宗教活动,向他人施舍和付出慈善的行为都会增添人性的光辉,而且还经常是获得灵魂救赎的途径。将"人道主义"作为一种伦理价值和高贵精神进行倡导和宣扬,则是产生于欧洲近代的文艺复兴运动中。人道主义反对基督教的禁欲主义和封建的专制权力,提倡从人的情感和欲望出发的人本主义精神。伴随着人本主义精神的传播,以及科学理性主义的逐渐兴盛,工业技术革命如浪潮般演进,资产阶级革命取得胜利,一个具有现代意义的人类社会文明逐渐成形。

人道主义精神是人类在经历了极权力量压制下对不平等社会的一种自发的抗争,既源于人类自发的天然同情,又是从漫长的不平等社会体验中逐步产生,并超越于天然同情的一种对人的自觉关怀和救助,这种自觉关怀和救助也为现代公益组织的产生和兴起奠定了社会土壤和文化力量。现代社会的发展,自然性、社会性风险频发,全球性、公共性问题与日俱增,人道主义成为充斥着钢筋水泥、工具理性、激烈竞争等元素的现代社会里一道历久但弥新、柔软而稳定的价值风景线。

人道主义是人作为群体性、社会性动物,相互关照、共同依赖并延续种群的本能情感,这种情感因具有原始性而富于真实性。人道主义凝聚着这样的一种观念,作为共同体的其中一员,任何人都不应该对其他成员的命运漠不关心,都有一定的道德义务,以己之力去帮扶社会的弱势群体,因为弱势群体也需要享受生存权和发展权,也具有法律面前的平等权和自由权,社会其他群体在优越于弱者的水平和层级上应当有这样的社会责任去关怀他们,保障他们的权利,即人道主义关怀。人道主义关怀是现代公益的价值基础之一,也是社会公益事业的灵魂。

(二) 人道主义下的公益行动是自发的善

发端于人道主义关怀的公益行为是自发的、真实的善。在增进社会公益的"善"行中存在着两种不同的善,一种是基于理性算计的特殊利益而自动形成的公益,另一种是基于道德情感的共同利益而累计形成的公益。基于理性前提而形成的公益在古典经济学家亚当·斯密(Adam Smith)所著《国富论》一书中被提出并论证,个人对自我利益的理性追求会自发产生公共的善,即社会公益。这种自发的、公共的善意味着营利组织只要合法地完成了营利任务,就会对社会产生巨大的价值,也会产生巨大的公共利益,这是自由主义经济学上的一个核心性论点。

事实上,个人或企业在利益驱动下的行为确实会产生巨大的社会创造力,市场机制确实因为有效配置稀缺性资源而增进社会整体利益,然而这种社会公益或说公共善是一种不自觉的利益结果,与公益组织的主动公益行为是两条不同的道路。公益组织的活动主体分为全职和兼职,兼职里也包含有大量的志愿者。这些人为了利他的公益目标而凝聚到组织之中共同行动,是对公益的主动追求。尤其是在发展中国家,从生活水平来讲,大多数人的利益保障还具有一定的增进空间,一些优秀的公益人为了专门做公益而主动放弃了优越的生活和稳定的职业。因此可以说,公益活动主体的行动驱动力不在利益而在道德,是源发于人性的朴素情感,是源自本能的自发行为。由此,公益组织的人道关怀可以与诚信的价值通约为真实朴素、不为利己而为共益的道德情感。

二、公益组织的自治属性:真实意愿的行动

(一) 公益组织是社会自治力的表征

现代公益组织是现代化过程中国家公权力与社会自治力日益

形成共治格局的结果。从社会契约论的角度看,国家公权力是社会个体对自由权力的让渡,目的是为了获得安全、秩序和公共产品的享有,与之相反,社会自治力则是个人对自由权力的彰显,目的是为了展示自身的真实意愿和个人能力。社会自治力的水平和范围由政治民主化、经济市场化和文化的现代性程度所决定。社会自治力与政治公权力并非是此消彼长的关系,而是相互协作,共同推动社会进步的力量。值得注意的是,社会自治力虽然彰显出个体性和自愿性,但要加以整合规范,才能避免无序化状态。因此,社会自治的意愿和行动要通过合法的结社,以组织化的状态运行,才能保障社会自治力在良性的轨道上运行。

这种共治格局的结果可以缓冲国家和社会二元格局的紧张。由于福利国家的弊端和市场失灵的发生,政府或者市场在解决日益复杂的社会问题时显得力不从心,再加上现代社会个体的自由意识日益增长,社会自治的声音日渐增多,这种变化要求摆脱国家对社会的挤压,是社会公域空间发育发展的体现。国家与社会的二元格局存在着某种紧张,而公益组织可以成为一个缓解紧张的地带,公域的空间里可以容纳政府、企业、社会组织以及个人等多元主体。因为在这样一个社会的公域空间里存在着大家共同关注的社会问题,这些问题无法像以往那样仅仅依靠政府就可以解决,甚或有些问题产生的本身就与政府的权力越界或责任缺位有着密不可分的联系。因此,这一公域空间会对中介机构公益组织产生越来越强烈的需求,因为公益组织可以成为连接国家与社会的中介机构。

尽管公益组织可以成为缓解紧张的公域地带,但公益组织建立的基础是自治的社会意愿,正如何道峰对公益的总结:"公益是基于个人自由意志的用私力介入公共空间构建的自由结社,基于现代文明创造的社会自治组织,基于个人意志的自由财富和自由时间的支配和基于平等博爱为基石的社会平行互动与激发。"[①]因此,现代公益组织的精神内蕴中应当体现出相对独立的"自治性",而不能成为权力集团或者利益集团的附庸,这种自治性是对公共精神的维护,更是对真实意愿的尊重和遵从。

(二)自治属性的行动是对真实意愿的遵从

自治的公益组织首先应当是对自己负责任,对自己的角色认真而充满热情,如果并非是真心实意想要做公益而是另有目的,那么显然就已经背离了公益精神。公益组织之所以存在,并不是出于法律法规要求其完成一定使命,而是因为有现实的社会需求。

从我国的现实情形来看,公益组织与政府之间的关系是考验自治性的一个难题。社会组织无法离开政府的管理和支持,这是任何国家都会认同的观念。一项针对13个发达国家和9个发展中国家的调查表明,"政府投入在非营利组织运营资金中的比重达到40%,而企业和私人的慈善捐赠仅为11%。在多数欧洲国家,政府投入占到50%以上"[②]。尽管离不开政府的管理和支持,但公益组织也要非常清楚自己的角色定位,政府扶持只是组织获取资源的渠道,目的在于更好地履行组织的公益责任,而不能本末倒置,为了从政府那里获取资源而做出失信于公益精神的行为,背离社会公众对组织的信任,成为权力部门或者企业实现其特殊利益的渠道。

在中国,受官僚体制和单位制历史文化的影响,不少公益组织无法完全脱离与政府的关系,但公益的未来方向一定是基于公共

---

① 何道峰.慈善与公益的起源、区别[EB/OL].[2014-09-26].http://www.ngocn.net/news/359441.html.
② 宋世明.公益服务机构发展的国际经验[J].决策探索(下半月),2012(12).

精神和自治精神的实践,政府和公益组织的角色将会从控制转向服务,公益组织的产生和发展所遵循的秩序将会从计划扶持机制转向社会选择机制。公益组织不仅要自我尊重,还要尊重和遵从相关人的真实意愿,在公益的创造和实现活动中,提供公益资源的主体在践行公益道德中的行为应当是自愿的,不应当是被强制的行为。现实中,在公益组织活动如募捐、征纳志愿者等活动中,存在着一定程度的行政命令色彩,这在一定程度上背离了公益的真实性。公益活动中的奉献应当是出于主体的自觉动机和自由意愿,强制之下的公益行动并非出自主体自觉的"善",而是带有了干扰性和一定成分的虚假性,因此,这样的行为也就谈不上公益中强调的自治性及志愿性了。

三、公益组织的行动目标:诚意兑现的承诺

(一)组织的目标是实现社会美好的承诺

公益组织的行动实质上是对社会的一种承诺,希冀通过它的努力弥合社会差距,降低风险伤害,建立和谐美好的社会。公益组织的行动立足于社会,大部分公益组织都会有关注的某一社会问题,例如,关爱特殊群体,诸如孤寡老人、孤儿、白血病患者、肺尘病患者、瓷娃娃、留守儿童等,关注公共问题,诸如环保、珍稀动物、文物保护、非物质文化传承、农民工子弟教育等。公益组织的目标对象是非特殊化的特殊社会群体,目标群体的特殊是因为并非所有的社会个体都是公益组织的目标对象,而是拥有公益需求的对象。非特殊化是指组织设定的受益对象应当具有普遍性,任何因为与组织目标问题相关并需要受到关注和帮助的社会个体都不应被组织排斥在受益对象之外。在目标诉求的框架下,公益组织对其服务的人群或受益的对象是开放的,且在组织的存续时间里,目标群

体不应受到时间上的限制,这是一个流动、开放的公共空间,甚至在某种程度上,公益组织的目标对象可以存在于国家之外的地域范围。

因而,公益组织行动正是建立于目标问题的特殊性和受益对象的普遍性统一关系中,目的在于通过现实的解决方案去实现一个抽象意义的"公共的善",这个"公共的善"将会带来社会的美好。

值得强调的是,公益行动人人都可以参与,但只有通过组织化的公益行动才能保证社会承诺的实现。现代公益的行动目标已不仅仅是帮困济贫的慈善救助了,比较"慈善"和"公益"这两个概念,慈善更贴近于从个人情感出发的人道关怀,而公益作为慈善的扩容,已包含了对共同体命运的思考与担当,这种担当应当体现出集体性的力量和公共性的视域。组织有共同的利益和目标,汇聚个体的智慧和能力,具有合法性和专业性,组织化的行动更利于目标的达成。公益组织兼具组织的特性和公益的特质,它对于社会的承诺也就具有更加现实的可行性。

(二)承诺兑现中的行动是组织章程的践履

既然是承诺,那么公益组织的行动伦理中已然包含了履行宗旨、遵守契约、兑现承诺等诚信要求。中国红十字会的章程中第三条就明确规定:"中国红十字会以发扬人道、博爱、奉献精神,保护人的生命和健康,促进人类和平进步事业为宗旨"[①],这一宗旨正表明了中国红十字会对社会的最高承诺。除了宗旨之外,中国红十字会章程中对组织日常的活动也做了相应规定,如第四十五条规定,"对各级红十字会建立经费审查监督制度;接受审计部门审

---

① 中国红十字会章程[EB/OL]. [2015-05-15]. http://www.redcross.org.cn/hhzh/zh/hsigk/zcfg/201110/t20111014_931.html.

计和相关部门监督"①;第四十六条规定,"红十字会的经费和财产受法律保护,任何组织和个人不得侵占和挪用"②。无论是较为抽象的最高宗旨,还是具体的日常规定,中国红十字会通过章程既定了组织的管理规范,也表明了组织的社会承诺。

践履组织章程是对组织诚信的一般性要求,它要求组织严格按照章程,以现实之需要和自身之能力去计划公益行动方案,并通过一步步的执行最终完成它们,既尊重自身的价值诉求,又不过分拔高自己。从实际情况出发,从身边小事做起,不戴高帽,不搞形式主义,不求大但求实,一步步兑现自己对社会的承诺。

除了一般意义上的诚信要求外,对公益组织这种特殊的组织机构而言,它的行动中还注入了更高的诚信色彩。更高的诚信色彩体现为公益组织兑现社会承诺的行动要以社会正效应作为原则。任何一个公益组织的公益行动给社会带来的好处都必须超越它给社会带来的不利后果。公益组织的行动过程必须始终秉承着道德价值高于经济价值的原则,因为公益组织代表着高于世俗价值的人文关怀和道德境界。正是由于公益组织的这种特殊意义才使其获得了大量无偿性社会资源,因此,公益组织必须强调社会的正面效应,否则,即便是遵守了一般意义上的公开信息、兑现承诺等要求,也不能增进其公信力。

社会正效应要求公益组织在行动过程中必须时刻注重自身的公益形象。"中国红十字会出租救灾仓库事件"之所以再一次成为社会诟病的失信事件,正是未能注重公益行为的社会正效应。按

---

① 中国红十字会章程[EB/OL]. [2015 - 05 - 15]. http://www.redcross.org.cn/hhzh/zh/hsigk/zcfg/201110/t20111014_931.html.
② 中国红十字会章程[EB/OL]. [2015 - 05 - 15]. http://www.redcross.org.cn/hhzh/zh/hsigk/zcfg/201110/t20111014_931.html.

照经济效率原则来说,为提高红十字会仓库的使用率,在仓库闲置时期将其出租可以增加组织收入、缓解组织生存压力。这本是无可厚非之事,但红十字会仓库不是一般意义上的物流场地,如果没有公益使用作为前提,一个组织也不可能被划拨到这样的仓库用地,因而组织在使用时也必须始终以公益需求为宗旨,且在中国红十字会的章程中也明确要求和平时期的红十字要"储备救灾物资,建设和管理备灾救灾设施",可见,日常储备是应对未来紧急救助的必备前提,因为在风险时代背景下的今天,救灾抢险越来越成为一种常态行为,一旦有紧急救灾需要,仓库就必须马上用于屯放救灾物资,出租仓库与企业签订了商业合同,就丧失了它的公益性,也会产生因企业物品占用而无法马上用于救灾的风险。

社会正效应还强调公益资本运作中的公益精神导向问题。改革开放积累了大量的社会财富,产生了不少具有社会责任感的企业家,这些企业家关注社会问题,采用资本积累的手段进行公益资本运作,比如公益信托、办社会企业等。通过资本累积方式去实现公益资本的扩张固然可以增加社会公益资源,从而可以有充分的财力去解决问题,但公益资本要注重公益精神的导向,公益资本虽然也是财富,但它是特殊财富,是凝聚着人们爱心和责任的财富。公益资本越多,解决问题所需要的资源也就越多,但如果为了增加公益资本而在筹资或营利的行为中仅仅考量经济效益,那么即便是获得了可观的物质资本,它们本身也因在很大程度上丧失了公益性而完全等同于了经济资本。公益组织兑现社会承诺的行动首先要从公益精神的角度出发,认识到公益资本不仅是有形的财富,也是精神、是情感,为此要特别注重公益行动的社会正效应。

第一章 诚信：公益组织的价值基石

第五节 诚信公益组织的多维度功能

现代社会中，组织构成了社会的有机团结，也成为个人所依赖的成长力。包括公益组织在内的社会性组织只有诚信于社会和民众，才能在现代化发展中发挥其应有的道德、社会、文化、经济功能，诚信对于推动公益组织功能的发挥，产生着巨大的影响。

一、诚信的公益组织提升社会道德

（一）组织诚信是社会诚信的基石

从一般性的组织角度而言，诚信的组织会具有较高的社会信用，组织讲诚信既是组织获得社会评价和支持的首要条件，也是营造社会诚信关系的重要基石。组织诚信是对规则的遵守，包括对组织宗旨目标的坚守，对组织承诺的履约，由此必然会形成组织合法、合理的行为，以及组织社会责任的实现。现代社会中，当有形资产的生产力和趋同性越来越强的时候，诚信作为一种无形的资本对单个组织而言显然是一个十分重要的比较优势。当社会的组织都注重自身的诚信建设并具有较高的诚信度时，社会的诚信显然是一个必然的结果。

致力于内部诚信建设的组织必然会通过组织的系统结构和目标行动等途径，对成员的诚信道德产生重要的影响，组织内部的诚信建设将会激发成员对诚信的文化认同，同时组织遵守诚信规则也会产生对外部相关者的诚信效应，并一层层地带动社会其他成员提高自身的诚信认知和实践。诚信的组织会对利益相关者做到遵守契约、政策法规和商业伦理，并承担社会责任，根据行动的连带效应,对方也会有更大的概率去进行回应,也会同样遵守规则和承担责任。

在各类社会性组织中,公益组织的社会参与度最高,社会嵌入性最强,公益组织的相关者涉及社会的各领域和各部门,可以说,公益组织的诚信具有极强、极广的辐射力,因而公益组织也最有可能去实现对社会诚信的道德引领作用。

(二)诚信的公益组织激活公益道德力

公益是高于个人私利的共同利益,其本身就具有深厚的道德感召力。"衣食足而知荣辱,仓廪实而知礼节",物质生活水平的提高和个人生存需求的满足,使社会对于公益的关注越来越多,每当自然灾害发生时,第一时间响应和行动的就是公益组织。可以说,公益力是一个国家国民道德和信仰水平的表征。

传统社会中,慈善活动或者组织具有较为浓厚的宗教色彩,慈善和公益从一开始就与信仰紧密地结合在一起。在强调信仰自由、价值多元的当今时代,公益所传承的人道精神、责任共识是现代社会的道德表征和信仰标志。"尤其在中国,很大程度上公益慈善力做了一个宗教信仰替代,它是一个替代品,让我们可以找回我们许多丢掉的信仰,找回很多我们已经失去的道德,找回很多我们应该去坚守的个人行为理念。"[①]

公益的道德力使公益组织应当具备应然的道德功能,公益组织的慈善力和使命感对社会具有道德引领作用。

然而,公益组织的道德功能是否能得到充分的释放是需要前提的,那就是公益组织本身是不是履行了它的应然职责,它是否能做到诚信。如果公益组织以诚信作为核心价值,培育自律机制,主

---

① 何道峰.公益慈善力代表国家现代化与文明程度[N].南方都市报,2014-05-25.

动接受他律约束并因此具有了良好的诚信形象时,那么它的道德功能必然会得到极大的释放,也必然会促进讲诚信的社会风气。反之,当公益组织未能表现出诚信姿态,并出现不讲信用、不守规则甚或侵吞慈善款项等违法行为而受到社会质疑时,那么公益组织的道德引领功能就无法得到释放,同样也会影响社会的诚信道德水平。

二、诚信的公益组织促进社会和谐

（一）诚信的公益组织是和谐社会的纽带

诚信和公益都是和谐社会的要素。和谐社会是指社会系统的一种良性运行,还有社会关系的一种和睦融洽。和谐社会并非没有矛盾冲突,而是指社会矛盾处于一种恰当范围,可以通过有效的机制进行化解,不会对社会整体布局产生大的影响。长久以来,和谐社会是中国百姓所向往的社会状态,和谐的观念也是历代先贤一贯的主张,"大道之行也,天下为公,选贤与能,讲信修睦。故人不独亲其亲,不独子其子,使老有所终,壮有所用,幼有所长,矜、寡、孤、独、废疾者皆有所养,男有分,女有归。货恶其弃于地也,不必藏于己;力恶其不出于身也,不必为己。是故谋闭而不兴,盗窃乱贼而不作,故外户而不闭,是谓大同"[①]。

在继承传统思想文化的基础上,结合中国特色社会主义发展的现实要求,党的十六届六中全会明确提出了构建社会主义和谐社会的指导思想,即要建立一个"民主法治、公平正义、诚信友爱、充满活力、安定有序、人与自然和谐相处的社会"[②],以解决人民群

---

① 胡平生,陈美兰. 礼记·孝经[M]. 北京：中华书局,2007：110.
② 中共中央关于构建社会主义和谐社会若干重大问题的决定[N]. 人民日报,2006-10-19.

众最关心、最直接、最现实的利益问题为重点。

和谐社会需要社会具有较高的诚信度,和谐社会的实现也需要公益组织承担重要使命,发挥积极功能。经济政治体制改革的不断深化快速分化着社会的结构,很多人游离于"组织"之外而缺乏归属感。在这种情况下,以公益组织为平台成立的各类项目和开展的各类活动可以实现一种社会整合。人们按照相同的志趣、爱好、特性或者共同的理想、抱负甚至职业倾向聚合在一起,形成一个个组织,"他们将思想观念、理想信仰、社会风尚、行为规范、制度体制的树立或建立融于一体,建设以和谐为思想内核和价值取向的文化,促进了整个社会的文化和谐"①。这些公益组织贴近各类社会群体,分布于广泛的社会层级中,既有自己的宗旨主张,又具有灵活弹性的活动方式,通过公益组织可以形成社会个体自我教育、自我管理的独特性,也可以发挥集体行动、团队协作的有效性,还能成为连接国家与社会的中介桥梁,增进社会网络的有序联系和互动。而一个个倡导诚信、践行诚信的公益组织活跃于社会舞台上并成为主角时,这个社会必然是和谐、有机和健康的。

(二)诚信的公益组织创造社会正能量

诚信的公益组织以自身示范为社会传播公益、志愿、诚信等普世性价值,它是培育社会主义核心价值观的重要载体,在推动社会文明进步过程中彰显和引导着巨大的精神能量。诚信的公益组织还通过扎扎实实的公益行动增进社会福祉,吸引和累积着物质性的公益能量。近些年,公益组织通过真实有效的资源分配和公共服务活动,在补偿社会差距、缓解社会矛盾、预防社会风险、呼吁社会公正等问题上发挥出重要的积极作用。公益组织的"第三次分

---

① 颜克高.非营利组织的社会责任与和谐社会的建设[J].探索与争鸣,2006(9).

配"是为了在一定程度上体现社会的公正公平,通过公益资源的补偿,让那些贫弱群体的利益得到一定的保障。虽然社会性的贫富差距问题主要还是需要政府通过再分配机制、福利保障等方式加以解决,但在政府的机制和保障尚未能触及的地方,公益组织可以成为一个有效的补充,使一些细微但关键的风险得到及时防范,而公益组织能不能成为协助政府去发挥防范风险、弥合社会矛盾的有效载体,很关键的一个问题是公益组织是否能成为物质性公益能量的吸收器,是否能使公益能量真正发挥出效力。显然,无论是作为一个吸引公益能量的中介,还是一个分配公益能量的平台,公益组织必须是讲诚信的,没有诚信,公益组织既不能传播精神正能量,也不能积累物质正能量。

(三)诚信的公益组织是社会治理的重要条件

诚信的公益组织能为政府出台科学合理的社会政策提供有效的信息。在"强政府,小社会"的传统路径及现实情境下,民众解决社会问题和困难的惯性思路就是找政府,政府也会通过信访部门去听取民众的反映,实际上这种解决问题的惯性思路不利于公民能力的提升,反之使其形成强烈的依赖心理。当公益组织能够获得民众信赖时,一方面可以减轻政府的理政压力,另一方面可以推动民众自我解决问题的主动性。在民众主动参与解决问题的过程中,公益组织可以将真实的社会声音向政府输出,理想的结果是产生具有民主精神的社会政策。

诚信的公益平台也为政府管理社会建立良好的沟通机制。在经历了30年经济体制转型以后,中国进入了社会管理体制转型的关键时期,在这个时期,"一方面社会结构急需改革,以适应市场经济的发展。另一方面社会矛盾凸显,社会问题层出不穷,这个时候也急需政府与群众之间能够良性互动,防止解决矛盾的暴力化倾向,便于形成理性的公民秩序。通过公益人或公益组织对政府的表达、要求、沟通和对话,使得政府能够调整政策,改变制度,以满足民生和社会发展需要,从而实现社会的善治"①。公益组织能不能成为民众解决问题所信赖的组织力量,公益组织能不能为社会政策的形成输入真实有效的信息,前提仍是公益组织要具有公信力,公信力的前提则是诚信为先。

三、诚信的公益组织推动文化转型

(一)诚信的公益组织培育现代公益文明

公益组织承载着传统慈善向现代公益转型的任务。所谓公益转型,也是"传统慈善到现代公益的转型",公益组织要做到诚信才能让公益的转型在健康的轨道上完成。

在过去的30年间,中国的慈善体制长期处于计划体制的阴影中,一些体制内的公益组织能比较轻易地获得体制资源,形成了公益环境的垄断甚或不公平,频发失信危机的现实呼声中,虽有改革之举,但没有以真诚的态度去理解体制改革的必要性。在公益组织的行业中,一些利益既得者仍固守体制化的利益管道,只是出于民众和舆论的压力,才不得不采取一些形式主义的花架子"避避风声",这种不诚信的态度显然不利于公益转型。

诚信的公益组织能组织起有责任的公益人和志愿者,能吸引到具有专业水准的社会人士,使公益的行动更具有自发性和专业性,从而使公益活动从被动式和程序化转向主动式和科学化,使计划公益向市场公益转型。

诚信的公益组织通过与社会其他部门进行有效合作,为社会

---

① 朱健刚.公民公益成社会转型重要动力[N].人民日报,2015-04-21.

公众提供优良的公益服务和产品,改变过去单纯的慈善救助、财富分配的传统路线,是推动国家治理现代转型的重要角色。

值得一提的是,如今的中国,无论是属于社会领域的公益文明还是经济、政治文明,都处在转型的过程中。转型期的特点之一是价值观念呈现多元,制度框架相对松散,这会使社会的道德自觉和规范约束出现弱化,因此,转型期的社会失范现象也会相应增多。转型期里公益组织在蓬勃发展,几乎每一个大大小小的公益组织都在大张旗鼓地标榜自己的公益责任,但公益组织是不是真的就超越了其他的社会主体,是一个毫无道德瑕疵的存在呢?非也,作为一种社会组织实体,它同样也会产生社会转型中的某些道德风险,比如制度监管的真空,成员道德信仰的缺失,消费主义、个人主义膨胀下的腐败等,如果公益组织以"大家都如此""过了转型期就会规范"等理由任由风险成为现实,那么公益组织显然就已经失去了"公益"的本质,丧失了可贵的诚信,也就无法履行责任,承担公益转型的责任。公益组织作为一个精神价值更大于实体价值的社会存在,不仅不能盲目跟从转型期的一些失范观念和行为,更应当十分警惕自己的角色和责任,成为社会转型的道德旗帜。

(二)诚信的公益组织促进公民文化的发展

诚信的公益组织也是促进公民文化发展的重要阵地。社会文化的前进发展不仅需要自上而下的制度设计,更需要自下而上的社会个体努力。国家的强大和社会的文明都需要公民具有较高的素养,素养包含着人的知识结构、生活体验、价值信念和行动能力,不仅仅通过教育获取,更需要通过参与社会活动潜移默化地提升。

诚信的公益组织首先可以为公民参与公益提供社会信心。公益组织向社会公众敞开大门,只要有爱心,无论能力大小,都可以参与到公益活动中来。但问题是,如果社会公益组织没有一个诚信的形象,没有让公众真真实实地感受到公益环境的康健,那么是很难让公民积极参与进公益活动之中的。如果公民自己单打独斗,又会造成公益行动的混乱,比如在地震发生后,不少有爱心的公民自发到灾区参与救助,结果反而造成了秩序混乱、交通堵塞。事实表明,非组织化的公益活动不仅会耗费个人的心力和资源,也会造成总体性社会资源的浪费。

因而,公益组织要做到诚信才能增强公民参与社会公益的信心,从而培育出积极的公民。积极的公民主动参与公共事务,敢于担当社会责任,在面对地震、洪涝、雪灾等自然性灾害的救济行动时,不难看到这些积极公民的影子。他们大多以志愿者身份参与到公益组织的救助项目和活动中;在经济改革过程中率先致富的一些企业家,他们或组建基金会,或直接给公益组织捐款捐物,或为组织提供公益创新思路,充分诠释了公民的价值观。

诚信的公益组织还可以利用自己的信息畅通机制,成为公民反映真实的社会问题并群策群力谋求解决之道的理性管道,"只有以民主的方式管理社会时才能充分实现社会自主——人与人相互关联的个人生活中的自主。只有在民主政体下,全体社会成员才能用自己的规则来管理共同事务,并将自己置于这些规则的约束之下"[①]。公益组织这个平台可以汇集公民的参与意识、增强公民的自律观念,并提升公民的能力水平。

四、诚信的公益组织助力经济发展

(一)诚信的公益组织具有更高的生产性

公益组织虽然不是物质生产部门,但也会产生经济效应,具有

---

① 科恩.论民主[M].北京:商务印书馆,1994:274.

一定的生产性。公益组织的经济效应包括通过募捐方式获得的社会捐助、通过与营利部门合作等运作产生的公益收入,以及通过提供服务所获取的支付性收入等。

近些年,提供公共产品或准公共产品成为公益组织专业化、职能化发展的重要内容。公益组织提供的准公共产品主要在于公益性服务,而这种公益性服务在某种程度上与第三产业一样,也会创造出极大的社会财富,只是不同之处在于其创造的社会产出不能在私人或组织自身之中进行分配,这些产品或者以政府购买的方式获取应当的利益,或者以基金的方式累积公益性收入。

此外,公益组织还可以通过创造就业来为社会经济做贡献。据资料显示,"美国的慈善部门创造了美国GDP的12%,就业的10%。是美国的第三大盈利部门"[①]。和美国相比,虽然中国公益事业发展迅速,但其所创造的经济比重和影响力仍然不足。根据统计数据,公益收入目前大约只占GDP的0.2%,与美国等发达国家相比差距甚远。而实际上公益收入在GDP中的比重除了经济意义,还具有更深远的伦理意义。"从国家现代化发展的层面看,GDP只代表了私人财富的积累水平,慈善公益力则代表着社会基础公共空间的治理水平与社会的修复能力,也代表着社会自我治理和个人约束的水平,更代表着国家现代化的程度和文明的程度。"[②]公益组织若能创造出更高的经济效应,为GDP做出更大的贡献,一个国家的现代文明才能得到更充分的体现。

诚信的公益组织则能具有更高的生产性。诚信使公益组织能有吸引力和信任度去收获社会的资助,也会使组织在分配资源和提供服务时获得更多的便利和支持。我国公益组织的资金主要来

---

① 斐那哥.将慈善事业纳入法治轨道[N].中国审计报,2014-09-15.
② 何道峰.公益慈善力代表国家现代化与文明程度[N].南方都市报,2014-05-25.

源于社会,因而能否取得社会的信任和资金支持,已经成为公益组织生存和发展的决定性因素。因为近几年公益组织失信事件的屡屡发生,社会的捐助信心仍不容乐观,一旦有失信行为的发生,无论政府主导也好,还是公益组织主导也好,这种动员必然会严重受阻。有数据显示,全国每年因各种失信行为造成的经济损失达数千亿元。

(二)诚信的公益组织创造无形的社会资本

诚信作为社会的一种无形资本是许多学科正在研究的社会课题。诚信对公益组织本身就是一种精神资本,它是公益组织得以产生和开展行动的条件。组织的精神资本直接决定着它的实物资本。此外,诚信的公益组织还可以通过其他方式创造着无形的社会资本。

诚信的公益组织可以降低社会治理成本,诚信的公益活动对组织成员们会产生内在的影响,通过实实在在的公益行动,组织锻炼了组织成员和志愿者的协作能力,培育了他们的团队精神和公益责任意识。不仅如此,成员通过组织而内化的精神和能力也会延续到他们的其他社会活动中,使更多的良性社会合作得以开展,形成互利共赢的结果。显然,互利共赢的社会活动越多,社会的公益精神就会越提升,公众的公益行为越会形成常态,而社会的治理成本也就越低。

公益组织通过诚信的行动可以增进社会的信任资本。诚信的公益组织内部与内部、内部与外部一般以水平方式进行联结。相比较垂直联结方式,水平联结方式可以形成一种积极平等的公民参与,这种参与可以生发出信任的社会关系。在这种关系下,无论是公益主体还是公益客体,无论是组织者还是志愿者,大家彼此之间都是平等的公民同伴,共同参与到组织的公益行动中,在这种联结方式和行动框架下的信任是现代中国社会所要建立的"普遍信任"。"普遍信任"会逐步降低社会交易成本,是一种重要的社会资本。"民间组织与社会资本之间的内在关联主要体现在强化公民信任、促进公民合作和'编织'良好的社会网络这三个方面,因此,社会组织是社会资本的'生产车间'。"①

---

① 李茂平,阳桂红.民间组织:社会资本的"生产车间"[J].吉林大学学报(社会科学版),2008(4).

第二章 公益组织诚信生态的内涵阐释与基本框架

公益本是人类共同生活的社会中所产生的必然需要,由于超脱于"私益",因而它也需要社会力量的合作与努力才能实现。以实现公益为目标的公益组织,虽然具有一定的内部结构和实体目标,但相比较其他的社会性组织,公益组织具有极大的开放性,其与社会外界之间交集丛生,对社会其他领域和部门的嵌入深刻,因而这种组织特质决定了,探讨公益组织的诚信治理问题,必然要建立起一个更加宏观和系统的视域。而在现实中,以公益组织的生存发展为原点,可以形成一个具有公共空间性的生态系统,在这一系统中围绕不同的诉求,又可以形成不同的子系统及其运行状态,如公益组织制度生态、公益组织资源生态、公益组织道德生态等。公益组织的诚信生态是一种良性的道德生态,是在以公益组织为核心而形成的系统中,通过各层级的诚信建设而实现的一种公益组织道德生态。

第一节 诚信生态的一般性概述

诚信作为一种道德和规范,产生并形成于社会活动主体的相互联系之中,而随着现代社会联系和交往复杂程度的加剧,诚信作为一种主体的道德意愿和行为也日益关联着更加多元的交叉因素,因而考察诚信也自然具有了一个宏观性、权变性的视域,即生态的视角。

一、生态视角——一种社会结构理论范式

生态是自然界的属性,是指自然界中各类生物所相互依赖并具有自发秩序的生存系统,这种系统同时又制约着生物的发展进化,并决定着相互之间的关系和表现特征。与自然界的活动一样,社会也具有生态的属性,不仅在社会中活动着不同的个体、群体,而且这些个体和群体也会发生各种各样的联系,并因此而形成不同的系统,这些系统的运行不仅影响着其中的主体和要素,并表现出某种结果状态。

相比较自然界,由于社会主体具有意识能动性和生产创造性,因此,社会的生态显得更加动态化、层次化和多元化,特别是现代社会分工体系的发展演变和信息网络技术的大量应用,社会生态呈现出更加复杂的样貌。

生态视角的实质是用一种联系的、变化的、系统的思维去观察研究自然和社会。在自然界的生态中,自然界的物种依靠调节和平衡能力来维持一种相对稳定的状态,并形成一个可以被描述出来的生态链结构。同样,以社会现象作为研究对象也离不开系统、结构的宏观视角及其衍生的微观考察。"在亚里士多德看来,社会的结构是由集团所组成的"[1]。当然,这里所提到的集团就是聚集个人的组织。尽管亚里士多德(Aristotle)时代城邦制社会结构还

---

[1] 周怡.解读社会:文化与结构的路径[M].北京:社会科学文献出版社,2004:2.

比较简单,产生于其中的理论远远不能去解释复杂的现代社会,但这种认识为后面的进一步研究却提供了一个分析社会的最直观和最简单的框架,其强调社会结构并非由个人而是由集团组成这一观点也为系统—功能、功能主义以及结构分析等思想体系的形成开辟了思想的源头。

随着自然主义、科学主义的兴盛,近代社会学中关于系统、结构等方面的研究中融入了不少建筑学、生物学学科的概念,以孔德(Isidore Marie-Auguste)的"实证主义"为代表方法,以斯宾塞(Herbert Spencer)的"社会有机体"为代表观点,这些观念和方法又进一步地提供了结构分析的实在性意义。这其中关于社会组织的研究,斯宾塞提出了"功能需求"的概念,他认为社会组织之所以会存在,就是为了满足某种现实的社会需求[①]。在这里,组织被化约为一种因社会需求而发挥功能的社会存在。

涂尔干(Emile Durkheim)将社会结构区分为机械团结和有机团结两种类型,并基于组织形态的变化研究了社会从机械团结到有机团结的结构性变化。涂尔干认为社会组织依据特定需求和功能、目标和机制等人为因素构建秩序,因此,在高度分工条件下产生的社会组织,必然处于与其他社会部门的高度互动之中[②]。

帕森斯(Talcott Parsons)也从功能需求的角度来理解社会结构,在他看来,总体社会系统及其各个组成部分构成一个整体的、具有自我调节机制的系统,各个子系统之间相互支持、均衡发展,共同完成四项基本社会功能:适应环境的功能、目标达成的功能、

---

① 周怡.解读社会:文化与结构的路径[M].北京:社会科学文献出版社,2004:3.
② 石国亮.中国社会组织成长困境分析及启示:基于文化、资源与制度的视角[J].社会科学研究,2011(5).

整合功能和模式维护功能①。

卢曼(Niklas Luhmann)则将社会系统看作一个动态体系,这一体系基于要素及其关系而存在,且由于选择所具有的权变性而变得复杂。每一个社会行动尤其是组织的社会行动不仅要体察到复杂的外部联系,更要在这种联系中认清自己的角色、功能、规则和资源,最终做出正确的选择,以此才可以谋求到更加宽广的活动场域和行动支持②。

马克思(Karl Marx)虽然没有明确提出过"社会结构"的概念,但其对社会问题的分析依然可以为社会结构理论所借鉴。正如《〈政治经济学批判〉序言》中所论述的:"人们在自己生活的社会生产中发生一定的、必然的、不以他们的意志为转移的关系,即同他们的物质生产力的一定发展阶段相适合的生产关系。这些生产关系的总和构成社会的经济结构,即有法律的和政治的上层建筑竖立其上并有一定的社会意识形式与之相适应的现实基础。"③"马克思对'社会结构'的基本认识,主要是把社会结构看作是人们在持续的社会活动过程中结成的人与自然以及人们之间的比较持久的、稳定的、模式化的社会关系,是各种社会要素关系的总和。"④

社会系统-结构的经典理论在一定程度上为我们如何去化约纷繁复杂的社会联结,从而建立起一个较为稳定的关系结构和稳定状态提供了理论的探索和依据。我们可以以此为研究范式,围绕具有某种社会特殊功能的领域作为研究对象,去构建一个具有一定结构性的社会次功能系统,以此去解决这一领域在社会发展

---

① 周怡. 社会结构:由"形构"到"解构"[J]. 社会学研究,2000(3).
② 丁东红. 卢曼和他的"社会系统理论"[J]. 世界哲学,2005(5).
③ 马克思,恩格斯. 马克思恩格斯文集:第8卷[M]. 北京:人民出版社,2009:33.
④ 杜玉华. 论马克思社会结构理论的基本涵义及其特征[J]. 湖南师范大学社会科学学报,2012(2).

过程中的某种失衡现象。显然,公益组织诚信生态的提出和构建继而探索的建设路径正是在这样的一种思路下产生的理论尝试,即是围绕着公益组织及其相关的社会领域,构建一个能促进和保障公益组织诚信的生态系统。

二、诚信生态的概念阐释

诚信生态是指在一个相对稳定的系统中,通过系统中主体和要素的共同作用而形成的诚信环境状态。诚信生态是从一个宏观、权变性的视角去考察诚信,其义理可从以下几点进行阐释。

(一)诚信生态的提出缘起于社会的复杂联系

诚信是一种普世性价值,一个社会的总体诚信度高,意味着这个社会秩序稳定,冲突较少,这个社会人与人之间的交往成本也会降低,因而,古今中外的社会都将诚信作为一种美德,并通过各种方式对民众加以教化和引导。

然而,社会是一个复杂的有机体,特别是现代社会,由于流动与变迁的加剧,个人的意识和行为也在这种流变中开始变得日益复杂,因而作为主体意识和行为的诚信也不能再简单地以道德自觉和行为规范这两种传统路径进行考察。"今日的世界更趋复杂,对系统思考的需要远超过从前。……在我们周围到处是'整体性故障'的例子"[①]。

诚信作为一种道德行为离不开行为的主体,即人或者组织。在现代社会,个体或者组织的行为往往会受到其相应环境的较大影响,甚至在一些现实情境中,主体的言行比如有些失信行为的发生并不来自其本意,而主体受到的一些不诚信社会评价有时候也

---

① 彼得·圣吉.第五项修炼[M].上海:上海三联书店,1994:74.

并非完全客观真实,因此,有必要针对一些比较特殊的主体进行关于其诚信问题的系统性考察。同时,诚信道德之所以成为社会的普世价值,本身就不是仅从主体出发的美德,它从一开始就生发于社会的相互联系之中,"诚信道德的源起,不是偶发的社会现象,它与人类的社会交往性、人类行为的思想支配性以及人的利己自然倾向密切相关"[①],因而,随着现代社会中主体交往复杂程度的加剧,伴随着竞争而产生的利己主义倾向更加严重,考察诚信也自然具有了一个宏观性、权变性的视域。

(二)诚信生态是一个道德系统

诚信生态可以被看作一个道德系统,从最大的道德系统探讨"诚信生态",它实质上指的是社会的道德环境。在当今中国社会诚信环境不容乐观的现状下,有识之士曾呼吁要修复诚信生态,"'诚信生态'它需要每个'小我'的共同努力、主动营造和精心呵护。诚信由政府诚信、企业诚信、个人诚信构成。其中,个人诚信是基础"[②]。这里提到的"诚信生态"俨然是从整个社会道德系统出发,对社会诚信环境提出的治理要求。

系统有大大小小之分,诚信生态作为一个系统,同样也会存在大小之分,但无论系统大小,其都必然要具备一些条件,即稳定的主体和要素及它们之间形成的常态性交互作用和影响。在一个可以形成诚信生态的系统中,必然也要有相互之间以诚信作为纽带且联系和交往非常密切的主体,且相互之间的活动对主体本身的诚信会产生重要的影响。

如果这一诚信生态以某一主体作为核心,那么这一主体必然对外部环境具有较大的开放性,主体内外部之间的互动十分频繁,

---

① 王淑芹.大学生诚信伦理研究[M].北京:人民出版社,2012:10.
② 翟慎良.修复"诚信生态"要从我做起[N].新华日报,2011-08-22.

外部诚信状况对主体的诚信也具有十分重要的影响。同时,诚信对系统中的这一核心主体具有生命线的意义,是其与外界交换物质、信息等资源的核心力,没有诚信,它将无法获得继续生存下去的外部输入,因此,有必要对一些特殊主体内外部的诚信活动进行全方位考察,从而为其寻找到如何坚守诚信核心价值,保障诚信行动的系统性路径。

(三)诚信生态以规范为主要的系统运行方式

根据社会系统运行的理论,任何的社会系统中都含有三种元运行方式,即以系统中的权威者决策并组织的集中控制行为,以某些约定俗成惯例或人为规范而建构的模式化行为,还有以系统自身特点而生发的自主性行为。诚信生态系统的运行方式主要以第二种方式进行,即以诚信规范而建构的行为。当然,三种方式也会产生借鉴和交叉,在诚信生态中,也需要有第一种方式即自上而下的权威决策供给系统以诚信制度,才能形成系统中主体的行为规范。

诚信是一种社会规范,形成一个诚信生态,必然要求系统中的主体要认同诚信,以诚信作为价值原则,以诚信作为活动标准。"对规范的认可与遵从,成为划定系统边界的标志。"[1]因而,认同并遵循诚信,才能使诚信生态系统中的主体与要素能相互协作和有序运行,从而保证诚信生态能处在良好的平衡状态中。

第二节 公益组织诚信生态的内涵阐释

公益组织以诚信作为其价值原点,且公益组织内外部之间的

---

[1] 李习彬. 社会系统运行理论与改革开放中的政府行为[J]. 中国人民大学学报,1995(1).

交往联系十分紧密,因而以公益组织作为一个核心主体,可以建构一个公益组织的诚信生态系统,公益组织的诚信生态是在以公益组织为核心而形成的系统中,通过各层级的诚信建设而实现的一种公益组织道德生态,它的提出和建构可以为公益组织的诚信治理提供一个系统视角。

一、与公益组织生态相关的已有理论基础

在国内学者对公益组织研究的现有理论成果中,生态也已经作为一种研究视角得到较为密切的关注。

一是侧重公益影响力为结果的生态性视角。有学者明确提出了公益事业的社会生态观点,认为"慈善事业其实就是一个社会生态结构,……可以不断地再生,就是活的生态结构"①。有学者则从公益慈善力的角度提出了公益生态的观点,认为"公益慈善力是社会做公共选择的开放度、透明度和理性能力。因为公益组织可以形成多元化、多角度、负责任的关注、讨论和行动,去构筑公共空间的生态系统,以提升公共选择的开放度、透明性和理性能力,给一个国家的现代化带来福祉"②。

二是侧重公益合作为基础的生态性视角。不少学者对公益组织与各方互动的关系进行了分析,如以政府与非营利部门关系为研究对象提出的"四模式"理论,将公益产品的供给划分为四种基本模式:政府支配模式、第三部门支配模式、双重模式、合作模式③。还有将政府、企业与第三部门之间的互动关系定位为"精英

---

① 杨团.慈善事业发展的政社界限[N].中国社会报,2009-12-23.
② 何道峰.公益慈善力代表国家现代化与文明程度[N].南方都市报,2014-05-25.
③ 许冰.民间慈善公益组织的社会行动对福利多元化格局的形塑[D].天津:南开大学,2013.

联盟"的理论,认为三者的合作是建立在共同利益基础上的选择[①]。

还有学者从社会公益供给主体的角度,提出了以政府、企业、社会组织、社区和个人等作为公益供给主体的多种合作模式。这一思路以公私协力和集体行动理论为基础,以政府安排、市场安排和社会安排为主轴,通过分析各主体的属性结构和社会角色以及相互间的功能匹配和运行机理,设计了公益供给主体的合作模式,并提出了制度上的激励和约束、文化上的信任资本以及来自各主体之间的诚信自觉是这些主体合作模式可能和可行并良性运行和发展的必要条件[②]。

三是侧重以公益价值为基准的生态性视角。有学者运用场域的概念对公益组织的运行发展做了分析,提出公益组织一方面要确定和履行好元价值,也就是一个精神宗旨的问题,另一方面则是围绕这一元价值所构建的一个关系场域,也就是一个组织社会网络的问题,只有着力于这两个方面的建设,才能构建起现代社会的公益文明[③]。

有学者以慈善为基点,提出了"慈善生态"的概念,并提出了这一生态中的价值观和战略战术。认为慈善是人天然存在的道德属性,蕴含了人性、人情、人道和人权等因子的综合作用,基于慈善的德性会推延至他人和社会,并形成个人的利他精神和企业、公益组织等社会部门的慈善责任,进而推动社会慈善文化的发展。因循这一逻辑,慈善生态包含着个人慈善道德的微观机制、组织慈善责

[①] 康晓光.依附式发展的第三部门[M].北京:社会科学文献出版社,2011:61.
[②] 张小进.社会公益合作供给:研究综述与理论建构[J].北京行政学院学报,2014(2).
[③] 陈秀峰.从慈善文化走向公益文明:试析中国基金会的治理理念[J].学习与实践,2008(9).

任的中观载体和社会慈善文化形成的宏观环境[①]。

还有学者则认为,公益组织中所包含的自治性和志愿性在一定的时间里将会产生一条自发的生态价值链,公益组织一旦为了解决某些社会问题而建立,便具有了一定的独立性,可以实现自我发展,逐渐形成生态价值链条[②]。

二、公益组织诚信生态提出的现实必要性

公益组织诚信生态是围绕公益组织诚信而形成的一种系统性联系和运行,是内外部维度和多角度的嵌入。核心主体是公益组织,公益行业和社会公益环境通过与公益组织的交互而形成诚信生态中的要素,但其本身并不是公益组织诚信生态中的主体。公益组织要实现诚信,除了其本身应当具备的各种要素之外,如组织成员的诚信道德、组织内部的诚信文化等,还需要来自外围环境的各类要素,如制度要素、机制要素和认同要素等,这些要素的完善是公益组织诚信的充分条件,而这些要素的完善则需要组织和外围环境各主体之间的不断互动、反馈、修正等实践才能达致。组织必然会受到环境影响,组织的道德表现和价值实践不可能完全独立于外部的社会风气、价值导向及相关者等因素,特别是涉及面广泛的公益组织,对其诚信等道德问题的研究要有一个系统性框架。具体而言,提出公益组织诚信生态的思路是基于以下几点:

(一)基于公益组织的组织特质

公益组织诚信生态的提出是基于公益组织的组织特质。可以

---

① 郑雄飞.慈善事业的伦理根基和理性建构研究[J].学术研究,2011(12).
② 朱健刚.公益转型推动社会转型[N].人民日报,2013-05-12.

说,由于其公益的前设性质和公益的结果目的,公益组织必然会形成一个系统性格局。公益组织的历史起源于社会中人们的互助系统,随着现代化的发展而逐渐演变发展为组织与政府的共治系统、组织与企业的资源交换系统等。因而作为生长、根植于社会领域的公益组织,其与社会各领域之间发生着深刻的联系,这些联系也决定了以公益组织的生存发展为原点,可以形成一个具有公共空间性的生态系统。公益组织可以通过"多元化、多角度、负责任的关注、讨论和行动,去构筑公共空间的生态系统"①。

同时,公益组织处在社会的一个中观位置,连接微观个体和宏观整体。随着社会分工的细化,社会流动的加剧,人的组织化需要也经历从血缘到业缘再到志缘的递进过程。公益组织作为志缘共同体,超越了血缘的自然性和业缘的利益性,其目标指向于更广阔的社会领域,其活动产生着更加深刻的社会影响。因而,公益组织与其他社会部门之间必然存在着紧密的关系,这可以从公益组织的社会功能、行动方式和内部结构等特质中得到确证。

在这个公益组织系统中围绕不同的诉求,又可以形成不同的子系统及运行状态,如公益组织制度生态、公益组织资源生态、公益组织道德生态等,诚信生态则是一种良性的道德生态。

公益组织与社会之间的这种特殊关系决定了影响公益组织诚信的要素是多元的。"公益组织的诚信问题不单单是它们自身的问题,而是一个社会的问题。"②因而对公益组织诚信问题的研究势必需要一个系统性的视野。

---

① 何道峰. 公益慈善力代表国家现代化与文明程度[N]. 南方都市报,2014-05-25.
② 李彬. 当代中国公益伦理的研究主题及其面临的挑战[J]. 湖南师范大学社会科学学报,2008(3).

（二）基于公益事业发展的必然趋势

公益组织诚信生态的提出是基于公益行业以及社会公益事业发展的必然趋势，这一点也可以从现实中得到佐证。在整个社会公益生态中，有一个声音越来越响亮，这就是公益诚信。无论是公益人自身，还是公益组织和整个公益行业，抑或是公益所依存的政治、经济和文化子系统，都已然建立了诚信的共识，各种诚信建设的举措也在积极探索和实践中。

（三）基于社会诚信建设的组织逻辑

公益组织诚信生态的提出是基于社会诚信建设的逻辑机制。尽管一直以来党和国家都十分重视诚信问题，也将这一问题摆在了治理的战略高度之上，然而改革开放 30 多年来，社会的诚信状况却出现了滑坡甚至到了每况愈下的程度。社会诚信建设不仅需要自上而下的倡导和推进，更需要自下而上的社会内生动力去改变。公益组织的诚信生态建设是否在一定程度上可以成为这内生动力？回答是肯定的。诚信既是主观的道德自觉，也是客观的制度规范，社会诚信的建立必然要通过联结着主体和客体的某种组织载体才能完成，因为组织既是客观性规范进行实践的场所，也是主观性道德得以内化的途径。现代社会诚信的建立也可以探索一条以组织为载体的构建路径，而公益组织无疑是一个理想的载体。

三、公益组织诚信生态的构建理路

公益组织诚信生态并不是一个清晰可见的客观存在，而是随着公益组织的发展而逐步构建和形成的良性系统状态。在现阶段的理论探讨中，这一生态还处于形构阶段。所谓的形构是一种结构主义的建构工具，目的是为了更好地理解和描述一个较为宏观的研究对象,既有实体性形构,如对某一社会群体形态的构建,也有虚拟性形构,如通过想象所构建的某种社会关系[①]。

公益组织诚信生态的形构包含了实体性和虚拟性两种建构理路,公益组织本身是一个实体性的存在,在发挥其社会功能的活动中与社会其他领域产生着各种联结,这是诚信生态所具有的实体性意义的一面,但由于公益组织的特殊社会功能,它会在不同的发展阶段呈现出不同的活动状态,因此很难将其作为一个稳定的社会存在去抽象出它的结构。同时,公益组织具有广泛而深刻的社会嵌入性,与其发生关联的外部要素复杂而多头,因此,只能根据公益组织发展变化阶段和复杂多头活动进行一定程度的构建,即它具有虚拟性意义。

实体性与虚拟性相结合的构建思路,其实质是线性与权变性相结合的考察思路。以往对包括公益组织在内的非营利组织的研究较多停留在线性的思维框架里,大多就组织谈组织的问题和对策,认为在"政府失灵"还是"市场失灵"的情况下,公益组织必然会具备解决"失灵"的功能。在这些理论中,公益组织被不切实际地赋予了"天然救世主"的功能,而未能以动态的视角去挖掘在复杂的社会关系中,由于各主体或要素相互作用而使公益组织行为产生的各种可能性。在社会结构主义的思想河流中不难发现,这种动态的权变的范式已然存在,只是未能联系到公益组织这样一个具体的样态中进行研究。在吉登斯(Anthony Giddens)看来,任何社会结构都处在不断运动的过程之中,都不能离开现实中的"规则和资源运作"[②]。而对公益组织的诚信生态构建同样也是一个不断发展的过程,必须在公益组织与其他社会部门之间的互动中

---

① 周怡.解读社会:文化与结构的路径[M].北京:社会科学文献出版社,2004:5.
② 周怡.解读社会:文化与结构的路径[M].北京:社会科学文献出版社,2004:18.

完成。

四、公益组织诚信生态的伦理意义

正因为公益组织的诚信生态具有内外二重性和多方嵌入性,公益组织诚信生态也因而具有了广泛性和深刻性的意义。一方面公益组织的宗旨是以增进公益为目的,诚信的生态有利于公益组织完成自身的公益使命;另一方面公益组织又具有特殊优势,它既是与政府一起为社会提供福利的伙伴,又是企业承担社会责任的合作者,而它本身又代表着公民文化。因而,公益组织诚信生态也会激发几个系统之间形成相互信任的关系,并推动这些领域内的诚信建设。

具体而言,首先,公益组织诚信生态首先会推动社会公益事业的健康发展。公益事业是社会公共事业,不仅需要建立组织形态去实现公益目标,更需要社会全体共筑推动公益的力量,从本质上说,公益组织更像一个联结体,将社会的各种力量和资源进行联结。因而,公益组织诚信生态最重要的伦理意义在于它可以形成良性的社会合力,共同推动社会公益事业的发展。公益只有"诚信"所为,才能去完成其先赋的"立仁"使命。诚信是公益的题中应有之义,没有诚信,也就无法实现真正的"公益"。

其次,公益组织的诚信生态可以推动政治系统的自我变革,并提升政府公信力。公益组织代表着社会自治力量,必然会与管理社会的公共权力部门产生联系,特别是在有着官办公益传统的中国社会,公益组织诚信生态中的其他主体和要素将会推动公益组织的体制改革,通过改变政府与公益组织的某种不合理关系,政府自身的社会公信力也将会得到提升。

再次,公益组织的诚信生态也可以增进中国市场系统中的契约、法治等必要的精神元素,并提升市场主体的社会责任意识。公益组织是实现第三次分配的部门,其要想获得生存与发展并实现公益目的,必然要通过参与市场活动、借鉴市场性机制、与市场主体合作等方式筹集分配性资源。公益组织诚信生态中的其他主体和要素将会要求市场形成合作契约关系,并进一步促进市场主体承担社会的责任。

最后,公益组织的诚信生态将会提升社会文化系统中的诚信文化和公益文明,推动社会的进步。公益组织体现着社会公民的结社活动成果,但其因相对松散的组织形态,所以正式成员较少。活动开展需要召集服务期不定的志愿者,同时公益组织还关涉着不同的利益群体,无论是公益投入者还是公益受惠者,都处在相对的变动之中,公益组织的诚信生态将会使广泛的参与人和相关人认同并传播诚信文化和公益文明,从而推动社会的进步。

五、公益组织诚信生态的具体特点

(一)公益组织诚信生态的二重维度

从公益组织与政府、企业和社会其他部门的关系来看,诚信生态既是公益组织自身的诚信建构,又是公益组织与外部系统之间的诚信互动,在这个意义上而言,公益组织诚信生态的系统具有内向维度与外向维度。

公益组织诚信生态的内向维度意味着公益组织自身运行于诚信的轨道中,具体表现为:① 组织成员是基于志愿、为了公益而非私益的目的而结社;② 拥有一份对组织的忠诚感和对社会的使命感,虽从事的并非完全无偿性工作,但不能以物质回报作为是否去做的出发点,要严守公益精神;③ 组织的管理结构严谨,自律机制畅通,对财务、人事等重要信息要主动向社会公开;④ 组织要接受政府或第三方的监督评估,对外界提出的质疑要检讨并反思,而不是仅仅停留于解释的层面;⑤ 组织开展的公益活动要注重实效性而非形式主义,要注重社会效应而非经济效率,要尊重捐赠方和受赠方的知情权与参与权,等等。

公益组织诚信生态的外向维度则要求,公益组织与其外部系统之间围绕着诚信建立起一种良性互动关系。公益组织是一个开放性较强的组织形态,它的社会功能、资源渠道和活动特点甚至内部结构都决定了其与外部环境产生着密切的联系,因而公益组织与外部系统之间以诚信为核心,以制度、资源、信息等为载体的互动关系,直接影响到诚信生态能否建立并维持下去。

从公益组织的中观行业环境看,在公益组织的诚信生态中,行业链中的上游基金会要为公益组织提供优质资源,且因此而承担相应的监管责任,行业规范和标准对公益组织形成最直接的他律约束,行业联盟也会通过开展公益论坛、公益培训等方式培养专业的公益人才,并因此提升组织的专业能力。

从公益组织的宏观外部环境看,在公益组织的诚信生态中,政治系统的权力应当发挥出它应有的作用和功能,为组织提供充分的发展空间和制度供给。充分的发展空间使公益组织能形成积极的自我约束心态,制度供给则会形成对公益组织的外部约束;市场系统中的主体要通过与公益组织的合作实践,推动公益组织市场活动机制及组织竞争机制的形成。通过有效的机制运行,优质的公益资源也将会在市场系统中形成,在公益组织的诚信生态中,社会系统中的公众及大众传媒等通过参与公益活动,不断地提升公益意识和诚信意识,意识的形成和生长将会为公益组织的良性发展提供丰沃的文化土壤。

此外,公益组织外部环境在诚信生态中能不能发挥出积极的作用还取决于组织与它们之间的互动状态。公益组织在发挥社会自治力的同时也要遵守政治底线,更要接受并配合政府的各项制度约束;公益组织在走向市场的活动中要坚持非营利属性,也要遵守市场规则,更要与企业相互约束,共同探索公益市场化的创新模式;公益组织在倡导社会公众参与公益活动时也要培育其监督问责意识和理性客观思维,并与公众形成有效的沟通和对话。

(二)公益组织诚信生态的多方嵌入性

公益组织诚信生态还体现出多方嵌入性。从公益资源这一问题进行分析,公益组织生存与发展的资源主要依赖于组织外部。组织资源从行业和社会中提取,行业中的支持性基金会、政府财政划拨或孵化扶持、企业的直接性或间接性支持以及社会大众的捐助都是重要的渠道。公益组织资源是否充分虽不是其是否良性发展的必要条件,但也是充分条件之一,正是由于资源不足的困境,一些公益组织才会利用一些违规性的不诚信手段获取组织的生存机会,因而,社会各方为公益组织创造一个资源较为充分的条件,也是公益组织要实现诚信生态的一个必要前提。

然而,公益组织获得了资源又并非会自觉诚信地履行自身职责,现实中的公益人失信问题有不少恰恰是资源充分情况下私欲膨胀的结果。也就是说,能不能实现组织在分配公益资源问题上的正义、公平和有效,实现诚信公益,则又关乎于组织内部的成员及其他要素。资源是组织得以运行的基本条件,成员则是资源流向的执行者,他们通过调动资源开展各类形式的公益活动,组织成员能不能履行公益使命,实现公益目标,一方面受到其自身价值观和行动能力的影响,同时也受到组织内部诚信治理状况的影响,还要受到整个社会诚信环境的影响。

同时,公益组织的资源获取渠道是否畅通又与其在行业中的地位有关,在中国特殊的文化和语境下,公益组织的行业地位受制于政治性系统,体制内的公益组织例如中国红十字会、宋庆龄基金会等免登记权的公益组织,代表着一种较高的政治地位,它们"在中国具有特殊的社会地位,他们和政府靠得最近,也就是这些年才转为参公编制,在计划体制下他们就是政府机构"①。还有不少在政府孵化机制下生存发展的公益组织则具有半官半民的属性。这些官办色彩浓厚的体制内组织显然具有天然的政治优势,能获得更充分的资源,这一现实对于体制外公益组织而言显然是有失公平的。随着市场的发展成熟、社会自治能力的增进和公益文化的推动,一些体制外公益组织在市场系统中具有很强的适应能力和竞争能力,并以此获得可观的社会资源,而实际上能不能具有这样的能力并获得预期的资源,又往往直接决定于组织的内部诚信建设。

第三节 公益组织诚信生态的基本框架

公益组织诚信生态的基础性结构包括核心层公益组织、次级层公益行业,以及由政治系统、市场系统和文化系统中的相关要素共同构成的社会层。

一、核心层:公益组织

公益组织自身是诚信生态中的核心层。组织由各种要素通过大量复杂的联结和运动不断地变化,最终彼此之间通过某种自发

---

① 王道勇.存量改革亟须社会合作意识的助力[J].中国党政干部论坛,2015(6).

秩序或外部力量而互动作用为一种行为模式。当这种行为模式在运作过程中趋向于社会整体的积极发展时，就会逐渐产生一种稳定性和规范化的状态，这就是组织化状态。组织的内部又包括组织使命、组织成员、组织资源、组织结构、组织规则和组织目标等，组织内部环境要素的相互影响和共同运作决定了组织的行为方式和目标实现。

组织使命是组织赖以建立的先决条件。社会的组织化需要的实质是一种"人为化"的构建，其目的在于通过"合作"而产生共同的利益。任何组织都是一种人的聚合，无论是自组织还是他组织，都离不开人的主体性活动，这种主体性活动的结构就是要促成组织使命的达成。因此，组织是一个人为性质的为实现一种共同目标而构建的集体。科尔曼(James S. Coleman)将这种为实现同一目的而构建的个体称为"法人行动者"，最早出现于19世纪中叶，经过100多年的历程，法人行动者所构建的这种超越血缘关系的社会组织获得了普遍的发展，而近代电子通信设备等现代通信技术的诞生更是极大地促进了这类群体的形成。

组织成员是组织运行的核心力量。在公益组织中，组织成员可以分为正式与非正式两种，一般来说，非正式成员的数量远远多于正式成员，以志愿者为主，正式成员主要是组织的创立者及管理人员，以组织作为自己的第一职场，志愿者则来自社会的各个领域，虽然职业类别和生活方式多样化，但都被公益组织的精神性和社会性所吸引，希望能以一己之力在组织的公益行动中发挥自己的能量，而一个具有良好生态的公益组织才能吸引到优秀的公益人才以及大量志愿者。

组织资源是组织的物质基础，公益组织资源的主要形式有资金和实物，其来源主要是政府、企业和社会个人或者其他组织。政府的支持有直接的财政拨款和购买公益组织提供的服务,企业的支持主要通过捐赠或者合作等形式体现,社会的支持主要是直接的捐赠。由于我国公益立法和监管的相对滞后,除了公募基金会,大多数公益组织都不能直接向社会募捐,政府对公募权的资格设置较高,而国外大部分公益组织都有公募资格,可以接受个人或其他组织捐款。

组织结构是组织的各个构成部分之间相互关系相对稳定的表现形式。"结构描述了人们之间的相互关系,界定了他们的相对机会束"①。结构是人们识别不同组织的一个重要标准。一般来说,组织的结构可以从横向度和纵向度两个方向进行拓展延伸。横向基于组织的部门化和分工化,部门化是解决相同或相似专业分工后的有效协调方法;纵向是基于组织的层级化和差异化,层级化体现着组织管理过程中的权责差异性。以中国红十字会组织结构为例:全国会员代表大会、理事会、常务理事会、执行委员会形成横向的部门分工,地方、行业、基层和特别行政区红十字会则构成垂直化组织层级。执行委员会是组织活动的具体责任机构,财务信息管理和审计、项目运行的具体操作等都属于其职能范围。

组织结构是一种外在的组织图式,而组织规则则是既包含又超越于组织结构的规范体系。"组织规则的外延比组织结构的外延宽很多。任何具体的社会组织,除了有关层级间和部门间等与组织结构有关的规则外,必然还包括许多与结构无关的行为规范。"②组织规则具有稳定性和权变性、明确性和潜伏性等多重特质。作为开放性强的公益组织,组织规则除了包含着架构中的稳

---

① 阿兰·斯密德.制度与行为经济学[M].北京:中国人民大学出版社,2004:16.
② 闫洪芹.公共组织理论:结构、规则与行为[M].北京:北京航空航天大学出版社,2009:109.

定要求和程序,还为更广泛的社会相关系统所影响。

二、次级层:公益行业

公益行业是诚信生态的次级层。行业是组织样态的集中呈现方式,在一个行业中,组织具有较大的同质性,但也存在着差异性,组织与组织之间或者体现为竞争关系,或者是相互扶持的共赢关系。

"组织场域"是组织社会学的概念,用以描述组织自身、组织资源提供者、组织竞争者、组织产品消费者以及围绕这些要素所形成的制度性机制(图2-1),一个组织所处的行业指的就是处于相同性质的组织形成的组织群以及组织场域。

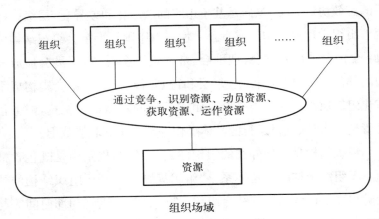

图 2-1 组织场域各要素之间的关系

行业作为组织场,在不同阶段有着不同的发展目标,随着社会创新治理的深入实践和社会公益需求的旺盛增长,公益组织越来越成为政府和企业重要的社会合作伙伴,公益行业也在通过不同大小、不同层次、不同背景的公益组织共同协作,探索出有利于行业及组织发展的价值链和自律机制,并以此形成行业发展的良性环境。

事实上,以组织之间的相互扶持和有效竞争为机制的公益产业链正在形成之中。一条是以资金供需为主的产业链,产业链的一端主要是持有资金的公益基金会资金,另一端是受助的从事于公益慈善领域的组织和机构等。从资金募集、资本增值运作到项目策划与实施,直至最后大众受益形成了完整覆盖、专业分工的产业链条。一条是以服务供需为主的链条,链条的一端是被称作第三方服务的公益组织,根据国内外慈善公益发展特征不难发现,随着公益慈善的专业化与职业化发展,逐渐出现了一些专业化的第三方服务业,如公益职业人才培养、公益组织战略咨询等,称之为公益服务业。作为第三方服务支撑体系,公益服务业为公益组织在营销宣传、教育培训、项目评估、财务法律、媒体技术等方面提供专业服务,在保证第三方独立的前提条件之下,形成对公益产业发展的支撑。服务产业链的另一端则是具体实施的公益组织,他们负责公益项目的具体实施执行工作,这些项目涉及社会领域的方方面面。

三、外围层：社会公益环境

组织之外的社会公益环境构成了诚信生态的社会层。现代社会的诸多特性和条件就构成了公益组织生存与发展的社会环境,在社会系统中的政治、市场和文化领域中,与公益相关的要素通过与公益组织产生信息与资源的交换,而对组织的生存与发展产生直接或间接影响,因而这些来自社会层面中的公益相关要素共同构成了诚信生态最外围的层次,即组织之外的社会公益环境。

协同学创始人哈肯(Hermann Haken)认为,"尽管世界上的系统千差万别,但它们还是存在着许多共同点。大家知道,所有的系统都是由组元、部分或者子系统构成的。这些子系统彼此之间会通过物质、能量或者信息交换等方式相互作用。通过子系统间的这种相互作用,整个系统将形成一种整体效应或者一种新型的结构"[①]。

从公益组织出现失信问题的现实去考察不难发现,社会各子系统中的确存在着一些不完善、不健全、不成熟的因素,从而导致组织失信行为的生发。试想,当这些因素能通过建设来扭住其既有状态时,它们也必然会对组织的诚信产生积极的作用,并成为公益组织诚信生态的必然要素,因而通过建设性转化的政治性、市场性和文化性因素也构成了公益组织诚信生态的社会层。

从公益事业发展的趋势来看,社会层面的总体环境呈现有利于组织健康发展的积极态势。在政治系统中,国家层面上的社会福利和保障模式产生的财政压力,以及现代社会面临的来自自然、社会等领域的高频发危机,使政府不得不去寻求和培育来自社会自治组织的支持,以实现对社会的协同性治理;在市场性系统中,经济的不断发展既创造了满足社会多元需求的各种公益组织,市场机制的不断成熟又推动公益组织自我创新和自我生产资源的能力的发展;文化性系统中,经历了转型期各种思想浪潮的洗礼后,人们开始关注自身与社会之间的关系,开始反思个体所承载的公民责任。信息革命让世界联结成为一个利益紧密相关的利益共同体,大量公益组织的非政府性和非营利性

---

① 邹珊刚,黄麟雏. 系统科学[M]. 上海:上海人民出版社,1987:87.

使其能在更加广泛和自由的空间里开展工作,境内外的各种公益组织也相互交流和合作,从最广阔的视野里去实现着人类共同的利益。

(一)有利于公益组织发展的政治系统环境

政治系统环境不仅为公益组织提供生存发展的合法性,也为公益组织发挥其社会功能提供制度保障、管理约束等条件。从20世纪70年代开始于西方并逐渐传播至中国的福利制度改革为政治系统注入了有利于公益组织健康发展的良好条件。

20世纪70年代末,无论是西方社会还是中国社会,都在经历着一次社会福利和社会治理的变化。西方各国在经历了战后经济的迅速发展以及漫长的资本主义制度发展历程后,无论是经济水平、政治制度还是市场体制都已经到达了较成熟的状态。尽管这一时期的资本主义迈入快速发展的轨道,但不可忽视的各种社会问题日益增多,这些问题往往是政府或企业无法解决的具有普遍性影响的问题,因而以解决这些社会问题为己任的"第三部门"应运而生[①]。

第三部门应运而生的实质是西方福利国家的改革,在这一次的改革浪潮中有两条明显的路径:一种建立于新自由主义理论基础上,主张通过私有化增加社会的福利资源;另一种则强调福利多元主义,主张通过志愿部门的发展来弥补政府对社会的福利供给。前者以市场化思维将福利作为一种产品提供给需求者,消费方式为直接支付,使非营利性部门具有了市场主体的属性;后者以社会化思维,将福利作为一种介于政府社会保障和市场服务产品之间的资源,非营利性部门仍是政府与市场之间的

---

① 崔月琴.转型期中国社会组织发展的契机及其限制[J].吉林大学社会科学学报,2009(3).

社会部门。

福利多元主义也是我国政府"有限能力"下的自我改革。20世纪70年代的改革开放对中国的经济、政治、社会和文化都产生了极其巨大的影响。在市场经济体制的大转轨下,经历了刚刚开放的社会组织反弹式增长到20世纪90年代初期的治理管束,中国政府也开始了社会福利制度的改革。从20世纪90年代以来的中国福利制度改革成了社会公众开始参与公益事业的契机。

在中国社会结构和文化背景下,任何的改革都是渐进式的,也大多采取以权力为后盾的"自上而下"路径,尤其是经历了政府长期提供社会福利的发展阶段之后,中国福利制度改革的最重要特征是从国家中心主义向福利多元主义模式的转换。

(二) 有利于公益组织发展的市场系统环境

市场经济的发展既为公益组织提供了直接的人力、财力资源和间接的资源创新生产机制,也在很大程度上激活了公益需求的形成以及公益关注度的提升。

市场化改革为公益组织的发展和创造提供了资源,一方面,计划体制的打破加速了社会的流动性,社会个体开始按照职业、志向、兴趣等偏好形成群体,这无疑为组织创造了形成的渠道和人力资源储备,特别是允许多种所有制经济的存在发展也就允许了一部分人可以自主地决定如何去创造和分配经济资源。同时,市场化改革也促动了政府为响应市场要求而通过权力去允许和推动公益组织的发展,如在一定程度上允许社会捐助模式的开放,并给予企业等捐赠主体减免税等政策优待,这就为独立于政府的个人和组织的生存发展创造了较大的空间。反之,社会的权力和自治能力也将被压缩至极低的水平。此外,公益组织也不断地进入市场领域,运用市场思维和机制去解决现实中的资源不足和有效利用的问题,公益商业化、公益创投以及公益营销和广告等都是公益组织在与市场性系统交互中产生的观念和行为。

市场经济的发展也创造了社会公益偏好。一是增加了公益需求,任何一种社会组织的存在都是因为社会存在了某种需要。市场经济在实现了经济效率的同时,拉大了社会的公平,在鼓励先富政策进行时,在共富的实现尚需时日时,社会所产生的一系列问题如何解决是摆在全社会面前的一个难题,经济增长导致的社会结构性变化,社会贫富差距加大,工业化发展使全球气候、环境等问题的解决迫在眉睫。这些问题已经上升到社会的整体层面,是社会的公益需求,而公益组织的存在发展则是解决这一难题的社会力量。二是推动了社会的公益关注,摆在现实面前的社会公益需求也在一定程度上改变了人们的价值观念,在享受到经济发展成果的同时,越来越多的社会个体开始去思考作为一个社会人的价值存在和意义,越来越多的人开始基于理性视角去理解"人的本质是社会关系的总和",并开始通过思考个人责任去关注社会层面的问题,人们认识到这些问题不再仅仅涉及区域化、特定群体的利益,而是整体性的公共利益;也不再仅仅是公权力代表政府应当去解决的问题,而是社会力量也应当承担起的责任。市场经济也使普通人获得了更多的平等权利,特别是身份上的平等,人人都可参与公益、监督公益,公益慈善事业不再仅仅是富人的专利,而是全民公益。

(三)有利于公益组织发展的文化系统环境

文化系统环境为公益组织提供深层次的动力和方向,是公益组织发展所需要的土壤,随着改革开放而不断发展的公民文化是公益发展所需要的社会动力,而信息技术则为公益建设所需要的信息共享、资源流动以及公益文化传播提供了载体和保障。

公民文化在西方社会有着深厚的传统,我们可以从西方文化的发展和演进中看到公益组织与公民文化之间的必然联系。从古希腊开始,西方文化中逐渐形成了一种强调公民责任和政治参与的"公民精神"。"公民精神"视政治生活为公民的生命,认为民主参与和公共精神是公民的崇高美德,把公共利益和"公共善"置于私人利益之上①。源发于西方社会的公民文化在历经了古典共和主义、中世纪神权主义、近世的启蒙运动以及现代的个人自由主义之后,从20世纪六七十年代开始,以公民社群主义、公民多元主义为标签的公民共和主义开始复兴,这可以视为古典共和主义和世俗个人主义的一种平衡和调和。而与公民共和主义同时开始兴起的则是一场在世界范围内迅速崛起的以社会组织为核心的全球结社革命②。这里所说的社会组织,区别于第一部门的政府和第二部门的企业,而被冠以"第三部门"的称谓,而其中大部分又都属于公益组织。

尽管中国传统社会中未能自发产生公民文化,但随着改革开放的格局不断扩大,社会文明程度不断提高,我国的公民文化也在逐渐形成,这一切都在累积着公益组织的文化土壤。改革初期,在思想解放的浪潮中,中国的公民文化到达了一个高峰,特别是在20世纪80年代中期,群众中自发组织各种民间活动交流思想,经历了20世纪90年代的沉寂期后,公民文化在20世纪末又产生了第二个高峰,这种活跃一直持续到21世纪。进入21世纪后,"非典"危机像一剂猛药激活了社会的各方自救能量,以基金会、社会

---

① 马长山.非政府组织中的公民参与[J].求是学刊,2009(1).
② 何增科.公民社会与第三部门[M].北京:社会科学文献出版社,2000:257.

团体等为代表的公益组织成了抗击"非典"危机的重要力量。《基金会管理条例》颁布之后,非公募基金会如雨后春笋般发展起来,为公民以及社会资金参与公益提供了一个平台,在几次抗震救灾中,公民的广泛参与和公益组织的赈灾能力都到达了前所未有的程度,两者是一个相互推进的过程。公民文化建设与公益组织之间关系极为密切,公民文化的形成过程实质上就是公益组织能力的养成发展过程。现代社会中公益组织的自治程度体现着公民文化的发展水平,自治程度越高,说明公益组织在参与社会活动方面表现得越发积极,在公益活动中得到的社会支持愈加广泛,与其他公民和群体的沟通对话渠道则更加顺畅[①]。

现代信息技术的发展和运用为公益组织提供了所需要的信息资源共享和文化共识。现代公益组织的发起和成立需要通信技术作为连接工具。公益组织以公民的志愿结社为纽带,以共同关注的社会问题为动力,以公共利益的维护和增进为目标,其归根到底是一种自由精神的正能量聚合。当现代通信技术开始成为一种普遍化的工具,这种聚合就成了常态。

公益活动和信息来源需要通信技术作为传播工具,互联网强大的信息交互能力为公益资源的迅速聚合提供了技术保障。2011年4月,一场被冠以"微公益"之名的"免费午餐"项目悄然在互联网上兴起,行动开展8个月的时间就筹得善款2 500多万元,其中绝大部分钱款都来自社会个体的捐助。值得一提的是,这场产生了极大社会效益的公益项目也获得了政府的重视与支持。"免费午餐"项目发起半年后,国务院于2011年10月26日开始实施"农村义务教育学生营养改善计划",每年由中央财政

[①] 王名.走向公民社会:我国社会组织发展的历史及趋势[J].吉林大学社科科学学报,2009(3).

拨款160多亿元,为农村义务教育阶段学生提供营养膳食。"微公益"最终成为国家政策,互联网功不可没。此外,通过互联网所进行的公益众筹、公益创投、淘宝公益拍卖和义卖等模式也纷纷成为一种潮流。

第三章　诚信生态框架下公益组织的失信问题及影响因素

随着经济水平的提升、社会治理的变化和信息科技革命的爆发,并由于现代社会在迅猛发展中不断产生的公共性矛盾和风险,社会的目光开始转向公益领域。以公益为诉求,各种社会自组织和他组织如雨后春笋般生发和成长起来,这些公益组织越来越成为社会治理结构中的重要力量。然而,与迅速成长的公益组织和迅速形成的公益环境相伴随的一个重要的现实困境是公益组织屡屡被曝光的失信问题。诚然,这些失信现象是公益事业初创时期不可回避的问题,有其必然性和暂时性,但若不加以重视并解决这个问题,失信问题有可能会愈演愈烈,进而会破坏社会的公益精神和道德环境,并严重影响中国公益事业的发展进程。在公益组织内外部影响变量作用下产生的失信行为,其实质是公益组织诚信生态的失衡。

第一节　公益组织失信行为及主观性影响因素

公益组织诚信生态具有内外两个维度,因而对诚信生态失衡现象本书也从内外两个维度进行剖析。从既有的现实案例出发，可以归纳出组织自身诚信道德失衡的几个现象。

一、组织在"公益"标签下牟取私益

任何组织建立起来后都有自身的追求和目标，从一般意义上讲，公益组织的目标就是追求公益，当然公益作为一种抽象的概念，也会具体化到每一个公益组织的成立宗旨和实践活动中，但无论是立足于哪一个领域或哪一类问题的公益组织，它们都不能以追求组织自身利益即私益作为活动目标。在现实中，已经暴露出当今社会存在着公益组织在公益标签之下追求私益的不诚信行为，这些不诚信行为的曝光已然不仅仅挫伤了这一单个组织的生命力，而且也殃及整个公益行业，大大降低了公益组织这一组织业态的社会公信力。

2011年，河南宋庆龄基金会就被爆出挪用公益资源进行商业开发的问题，原本规划为建设大型青少年活动中心的222亩土地，在短短几年时间内缩水到只剩下不到六分之一，其余土地被河南宋庆龄基金会下属的投资公司开发成商业住宅区。此外，宋庆龄基金会下属的培训交流中心在山东省泰安市兴建总面积达11万平方米的休养中心，其中包括一间五星级酒店、能容纳2 000人的会议中心，以及近50幢别墅楼。河南宋庆龄基金会用公益用地开发商业地产，并以公益资金进行酒店等商业性投资，是组织在公益标签下牟取私益的不诚信行为。

2015年，曾任四川省红十字会常务副会长的文家碧被判处有期徒刑20年，没收个人财产60万元（人民币），其犯罪所得754.695万元（人民币）、5 000元（美金）被予以追缴。这起公益组织领导人利用职务之便贪污受贿的案件再次引起了人们的质疑：

第三章 诚信生态框架下公益组织的失信问题及影响因素

公益慈善为何会成为个人的敛财之道？而公益组织又何以可能存在着牟取私利的空间？在法院的审理信息中可以看到，文家碧在担任四川省红十字会党组书记、常务副会长等职务期间，利用职务之便，在采购组织用品和组织活动材料中进行贪污，甚至在实施公益项目、资助公益资金等直接的公益行为中牟取私利。此外，法院审理材料还显示，文家碧还利用红十字会领导的职务条件，单独或伙同他人采取侵吞、骗取手段非法占有公款，在社会上造成了极其恶劣的影响。

除了这些被曝光的公益组织或领导人严重失信和违法问题之外，还有一些公益组织被披露出不少财务漏洞和行政腐败现象，资金管理混乱、超标准配备办公设施、滥发奖金、公款消费等问题也层出不穷。这些问题显然违背了组织的公益性，是公益组织自身诚信失范的典型行为。

河南宋庆龄基金会也好，四川省红十字会也好，他们之所以可以打着公益标签牟取组织或个人的私利，都有一个主要的影响因素，就是这一类公益组织在整个社会组织体系中的特殊性质，这些组织背靠体制却掌控着较多的社会资源，其负责人既是官员但又主要负责公益性而非管理性活动，于是对这类"脚踏政社"两个地带的组织而言，一方面政治系统内的体制内和制度化监管相对比较薄弱，而另一方面来自社会系统的公众监督或媒体监督则又很大程度上依赖于政治系统给予的合法性。如果政治系统本身没有主动建立对这些官方色彩浓厚的组织加以监管的意愿和行为，其本身也对组织的捐款去向和分配没有主动公示、自我监管和评估等举措的话，那么社会、媒体等第三方的他律机制是很难启动的。

当然，领导人自身的诚信道德素质无疑是一个影响因素。这一类公益组织由于组织结构相对比较简单，领导意志比较明显且缺乏监督,组织的行为结果在较大程度上与领导人的个性、素养和能力有关。

随着社会自治空间的逐步拓展,社会组织登记门槛的逐渐放宽,各种类型、对象、目标的公益组织的数量在不断扩大,如何对其进行管理是摆在面前的现实问题,这也是呼唤以《慈善法》为核心的公益慈善法律体系供给的重要原因。2016年3月,千呼万唤的《慈善法》出台,至此,公益慈善活动和行为有了法制的保障和约束。如今,虽然《慈善法》已经实施两年多,但法律如何能科学有效地实施,能最大程度地发挥其保障约束的作用,则还需要一个比较长的过程。特别当公益成为扩大组织和个人知名度和美誉度的捷径,不同群体都试图走这一条捷径达到自己的目的时,往往就会出现一些触犯底线的行为,屡屡出现的"诈捐"现象虽有各自的原因,但这些大大小小贴着公益标签却不诚信做事的行为损害的是整个社会公益事业的公信度。

二、组织内部治理不善且对信息和活动不公开

公益组织首先是一种组织,需要内部治理才能健康运行和持续发展;同时,这一组织又有其独特的治理特点,一般来说,公益组织的内部架构并不复杂,但由于公益组织与社会的不同领域存在交集,其组织目标又是实现相对私益来说更加复杂的公共利益,因而对其内部治理的要求也是相当高的。对在公益事业正处于初级阶段的当今中国而言,公益组织内部治理不善常常会使组织陷入诚信的困境之中。

2011年的6月对中国红十字会来说显然是一个前所未有的历史性时刻。2011年6月20日,一名署名"郭美美Baby"的新浪微博博主在网络上炫富。炫富是社会先富阶层的一种浮夸心理和

行为,但其并未跨越道德和法律的底线,这一桩炫富行为之所以成为中国红十字会陷入诚信危机的导火线,是因为博主的微博认证信息显示为"红十字会商业总理"。作为以人道救助和公益事业为宗旨,以倡导社会捐助为资源诉求的公益组织,红十字会系统中"工作人员"郭美美拥有如此奢华的生活,不禁引起社会公众的强烈质疑和愤怒,一时间,中国红十字会陷入社会舆论的漩涡中,遭遇百年未曾遇到的信任危机。

面对强烈的社会质疑,郭美美在炫富第二天的微博中称其所在公司是"红十字会商会",并称这是一家与中国红十字会有合作关系的公司,但中国红十字会总会迅速发表声明,声称从未有过"红十字会商会"这一机构,并极力撇清与郭美美的关系,称从未有郭美美此人担任过红十字会系统中的任何职务。与此同时,"商业系统红十字会(简称商红会)"这样一个机构随着中国红十字会发表的声明进入了公众的视野。根据中国红十字会的资料,"商红会"是于2000年11月15日成立的,其隶属于中国商业联合会,经中国红十字会总会批准成立。中国红十字会总会与"商红会"之间属于业务指导关系,总会与"商红会"之间在行政管理、人事安排以及财务方面都不存在关系。从中国红十字会的声明中似乎看到了它的确有被冤枉之嫌,但由自己发出的一纸声明实在难以服众。有媒体指出"郭美美事件"让"中国红十字会及其下属基金会和机构的商业利益链条渐渐浮出水面,包括现在仍在风口浪尖接受审查的'商业系统红十字会',实际上是寄生在中国红十字会羽翼之下没有法人资质的机构,却在进行着募捐和商业经营的活动"[1]。

为了平息公众对"商红会"的质疑,自2011年7月开始,中国

---

[1] 霍默静. 为何国人怀疑中国红十字的成员地位?[EB/OL]. [2011-07-08]. http://news.cntv.cn/special/uncommon/11/0708/.

红十字会总会聘请专业审计机构对"商红会"进行审计,并针对"郭美美事件"展开调查。经过5个多月的调查,2011年12月,调查结果向社会公布。调查报告显示,"商业系统红十字会"确实存在财务、人事、运作等多方面的管理混乱,基于这一调查结果,中国红十字会总会决定对"商红会"进行撤销。

中国红十字会在这一诚信危机事件中虽有被枉之意,但其在组织管理和运行中存在着不规范,且对一些信息和活动不公开、不透明的诚信失范问题却切实有之。中国红十字会可以与商业系统进行合作,实现公共利益的增进,但两者作为非营利性一方和营利性一方应当如何合作?各自的权利和义务如何界定?合作的业务究竟有哪些?这些信息都应当公开透明,毕竟红十字会肩负着人道、救济、奉献、爱心等价值要素,以"红十字会"名义从事的一切活动应当慎之又慎。

除此事件之外,中国红十字会在例行的信息公开事项方面也做得差强人意。根据现行的《中国红十字会募捐和接受捐赠工作管理办法》,中国红十字会各级机构接收的捐赠应当"每年向理事会报告并定期向社会公告,接受国家审计部门、审计机构的审计"。但谁来履行监督职责却未明确,而"定期向社会公告"的程序,自《中国红十字会募捐和接受捐赠工作管理办法》于2009年颁布以来,从未履行过。

三、组织借互联网平台开展异化的公益活动

互联网时代,由于成立公益组织、开展公益活动具有更大的便捷性,而对组织和活动的外部监管又同时具有了更多的复杂性,这使公益组织在广阔和虚拟的互联网平台中开展活动存在着更大的诚信风险。

第三章　诚信生态框架下公益组织的失信问题及影响因素

2014年,一个名叫"施乐会"的公益网站引起了多方的质疑和讨论。施乐会创立于2007年4月,在其网站介绍中自称为"中国首家全透明网络慈善"的网站,其创立的宗旨就是运用互联网平台,将捐赠者的善款及时送达受助人手中。由于充分利用了网络平台的信息便捷优势,施乐会迅速获得了来自社会的公益资源,据资料显示,从2007年创立到2013年其问题被披露的不到7年时间里,施乐会每年接收的社会捐赠从最初的16万元发展到2 800多万元,累计接收捐赠金额更是高达6 279万元[①]。

施乐会的公益运作模式实质上就是一个网上慈善市场,实行注册制,目前注册人数达到14余万人。注册网友可以通过施乐会网站平台查看求助者信息,并自由选择是否捐助或捐助多少,由于施乐会对捐赠数额不设门槛,又支持各种网络支付渠道,它一跃成为网络时代下的公益组织弄潮儿。施乐会在运行中充分利用了组织所具有的中介功能和网络的信息传播功能,将求助与捐助的双方进行了联通,不仅拓宽和方便了普通人参与公益慈善活动的渠道,也让求助的弱势群体在一定程度上获得了有效而具体的救助资源。由于施乐会在公益慈善模式上的创新贡献及其所取得的突出成果,浙江省人民政府于2013年授予了其第四届"浙江慈善奖"慈善项目奖。

然而从2012年开始,施乐会就陆续被披露其长期多次向受助者收取高额"置顶费",类似于淘宝、百度等商业性网站的广告信息费。在网络时代,谁的信息能占据网站的头页或头条,谁就更有机会被关注,这样就产生了市场机制,即以金钱的多少来决定谁的信息能放在醒目位置,这笔费用就被称为"置顶费"。按说公益组织

---

① 谢云挺.网络慈善全透明　施乐会脱颖而出[N].新华每日电讯,2014-01-21.

应当根据求助的紧急程度或需求程度来决定其受助机会，当然在社会救助方方面面都存在的现实下，要去评估谁的需要程度更紧急的确是需要花费成本的，包括时间、人力和金钱成本，但无论如何，一个以公益慈善为目的的组织决不能根据金钱多少来决定求助者受助机会的先后。诚然，施乐会利用这种纯粹市场的模式运作公益供需似乎也无可厚非，甚至相当公平，但细看却不难发现其中存在着一个"公益"和"慈善"的悖论和扭曲。如果所有的求助信息都是真实可信的，都是亟须救助的，本身都是缺乏资金的，那么这种需要先交钱才有可能解决问题的手段对求助者来说无疑是雪上加霜的，这种市场化的操作事实上又为虚假信息和不诚信行为留下可利用的空间。网络上的确有报道施乐会为骗子大开其道，而通过接受"置顶费"换取更多救助资金的求助者也并非得到了实质性的公益资源，有当事人在接受媒体采访时表示，他通过施乐会两次求助已获捐 21 万元，但除去"置顶费"，实际只拿到 3 万元。在这种现实面前，哪里看得见施乐会"确保每笔善款公开、透明、直接、及时、全额到达受助人手中"的承诺呢？对于受到社会质疑和诟病的"置顶费事件"，施乐会创立者、会长方路以网站推广需要资金支持作为解释，然而这种解释并不为其反对者和舆论所接受[1]。

第二节 公益组织失信现象及其客观性影响因素

公益组织是一种特殊的组织形态，它是产生于社会自治土壤

---

[1] 印荣生. 说一套做一套的施乐会没有资格做慈善[EB/OL]. [2014-11-09]. http://hlj.rednet.cn/c/2014/11/09/3516486.htm.

中的志愿性组织，对外部社会环境具有极大的依存性，因而外部环境因素对公益组织的诚信产生着十分重要的影响。外部的关联方、外部的资源条件以及外部的舆论导向都影响着公益组织的整体诚信。

一、利益关联方不诚信影响组织诚信形象

公益组织与众多的外部方发生着程度不一的利益联系，这里的利益并非仅仅指资源等物质性利益，也包含着声誉、形象等精神性利益。公益组织的相关方包括政府等权力性机构、企业或其他商业性机构、志愿者、捐赠人和受赠人等。

公益组织与政府两者都担当着为社会提供公益资源供给的角色，承担着解决公共性问题的责任。与企业、商业机构等营利性组织的公益活动不同，公益组织和政府的公益活动都应当是非营利性的，也正因为如此，这两者之间也必然存在着大量的"公益"交集。特别是在中国，由于有官办公益慈善的传统，因而公益组织与政府之间关系密切，甚至还出现了一些"类政府"的公益组织，例如中国红十字会。中国红十字会虽然是一个官方组织，但其组织架构、管理运行、人员编制及各项活动中都处处渗透着浓厚的政府意志，最直接的表现就是红十字会的经费来源。根据《红十字会法》的规定，红十字会经费的主要来源有会员会费、国内外捐赠、资产收益和政府拨款等四个渠道。在现实中，鉴于中国红十字会会员大多是各级党政机关、事业单位及国有集体企业，国内捐赠也往往是在政府主导的劝募下完成，再加上政府直接拨款，这些都使得中国红十字会的经费来源具有明显的政府色彩。实质上，在政府强有力的号召之下，大量的资金和财物都不断涌向红十字会这一类的公益组织。如果将"红会诚信危机"与整个社会背景勾连起来，

会发现公众对中国红十字会的不原谅和不信任也是对政府不信任的一种表现,因而作为重要的相关方,政府的诚信和公信力显然影响着公益组织的整体诚信。

当然,由于政府是一个社会中掌握着公权力的特殊角色,古今中外的社会始终都会产生如何制约政府权力的问题,因而对政府介入公益组织中的意志和行为也都十分警惕。据相关学者的亲历和比较,我国台湾地区地震救灾过程同样也依赖当地政府来组织救灾工作和维持社会秩序,而且"两岸的相同点在于都在紧急救援时刻将大笔的民间资金直接交给了政府——这是信任和期望政府尽快组织救灾;不同的是,在震后7天,台湾的一个律师提出应该成立民间的'9·21基金会',将交给政府的那部分资金提出来由民间操作,结果真的就这样做了,144亿新台币的资金由政府立法,交由'9·21基金会'民间组织的理事会和执行班子进行完全透明化的运作。而我们至今连到底有多少资金交给政府都说不清,资金到底是如何使用的?政府部门也没有一个清楚的交代"①。

除了捐赠问题,在国家治理理念转变过程中,政府与公益组织在公共服务购买领域环节中也存在着一些不诚信行为。推行政府购买服务是一些事业单位或者体制内公益组织转型的契机,可以推动体制内公益组织去行政化改革,也可以推进有条件的事业单位转为社会组织,有利于整体性的政治体制改革。然而在现实中,一些地方政府和部门在购买公益组织服务时,不是以择优原则衡量是否购买,而是以是否存在隶属关系作为标准,显然在这种不公平、不诚信的购买标准下,很多草根公益组织无

---

① 杨团.慈善事业发展的政社界限[N].中国社会报,2009-12-23.

论做到怎样的优秀,也无法获得政府购买的机会。这些不诚信行为不仅是政务失信的表现,也同样会波及相关的公益组织的诚信形象。

同样,公益组织其他利益相关人是否诚信也同样是公益组织诚信的重要影响主体。现实中,企业、商业机构打着做公益的旗号与公益组织合作,然而不兑现捐赠承诺的事件时有发生,有些企业虽然在与组织的公益合作中未发生问题,但发生在自身业务范围中的失信劣迹也会使合作的公益组织接收到不良信用的社会评价。而作为志缘共同体的公益组织,在承担社会志愿服务过程中要组织起大量的志愿者共同去完成任务,志愿者是公益组织志愿服务质量好坏的直接责任人,一些志愿者如果素质不高使服务质量打折扣,或者半途而废不兑现志愿承诺,甚至影响到整体的志愿活动进程,那么公益组织的诚信社会评价最终将会因为他们的这些行为而受到损害。

二、资源不足的困境影响组织公益方式的"过界"

公益组织始终都会面临着如何获得资源的问题,尤其是对于独立性较高的草根公益组织而言,其面临的最大现实困境就是资源不足。与有着一定官方背景的公益组织相比较,草根公益组织获得资源的数量、质量和渠道都非常有限,因而要维持自身的生存与发展,这一类公益组织必然会通过各种手段去解决资源问题,在此过程中引入市场和商业手段虽然一定程度上解决了筹资问题,但也可能发生"过界"的行为。

前一节中提到的"施乐会案例",其失信实质就是商业化"过界"的问题。施乐会的商业化运作从效率上讲是相当成功的,不仅收获了大量的社会募资,其本身的广告宣传及中介服务系统也十分细致,从商业和效率的角度而言,已远超其他公益组织。然而也许正是由于商业化和市场化的巨大成功,使得它渐渐背离了初创时期的公益使命,其利用商业手段所产生的盈利过程和分配结果已经跨越了非营利性公益组织的尺度。"置顶"导致的结果必然是将更需要得到捐赠的人甩到网页后部,使其面临失去救助机会的困境,这显然损害了公平原则,违背了"网络爱心平台"的慈善初心。

施乐会因为筹资目标而逐渐扭曲公益性质的失信案例折射出一个问题,那便是在解决资源困境过程中如何把握商业化尺度,坚持组织公益性的问题。从逻辑上看,公益组织商业化并非是解决资源不足的首要手段,这是因为公益与商业两者之间在伦理底线上是有矛盾的,公益关注公共利益,更加注重公平问题,而商业关注特殊利益,更加注重效率问题。商业手段的出发点应更多地体现于提升公益效率的机制上,慈善救助当以对象的需求紧急程度而非金钱多少作为衡量标准,商业手段的目的则绝不能成为组织的特殊利益和分配。施乐会的这些做法显然在公益伦理的坚守和公益项目的运作上产生了较大的漏洞,这也反映出公益与商业之间的"灰色地带"很有可能引致失信问题的产生。

在施乐会的运作模式中,以信息位置决定公益供给,又以金钱决定信息位置这种典型的市场化手段已经违背了公益伦理的人道精神和公平精神。以金钱购买帖子的位置,越往前越能获得关注率和捐赠回馈,这种行为的实质已经是一种典型的市场交易,而这种交换关系又是施乐会的核心业务运作机制,因此它就已经使施乐会变成了一个商业中介平台,而不是所谓的"爱心平台"了。如果从动机上去追问,这种行为甚至有以做慈善之名、行赚钱之实的嫌疑。而收取数倍于受助人实际受助金的置顶费,已经让施乐会的"双面人格"昭然若揭。

无论在何种领域,资源都具有稀缺性。对于公益资源而言更是如此。社会的结构变迁和机制转轨使社会的贫富分化严重,地区差异剧增,社会公平亟须补偿弱势群体和地区的利益,维护公共利益的问题俨然是构建和谐社会的核心。同时,全球性的公共问题也随着发展中的矛盾而凸显,环境问题、生态问题以及各类自然灾害问题,这些问题的解决都需要充沛的公益资源供给。然而现实问题是,尽管大量民间公益组织如小草般生长和富于生命力,但它们所获得的公益资源是十分有限的,特别是筹款和人才两方面,这在某种程度上成了一些公益组织不得不从事营利性活动的理由。

公益资源不足的问题是不是一定就需要从事营利性活动来解决呢?显然非也,"孵化机制""公益创投""众筹""社会企业"等创新机制都可以解决这些问题。不去充分利用合理合法的社会机制获取公益资源,反而企图通过商业手段、营利手段甚或其本身动机就是利用"公益"两字获取商业利益,这种手段在公益资源总体性不足的条件下是一种智力和行动上的懒惰,也是一种对公益精神的违背。遗憾的是,公益组织中的此类失信问题却屡屡存在。一些组织在"公益"的旗号之下却以从事营利性活动为主,而活动利润还可以享受国家的免税政策,这在一定程度上也破坏了市场竞争秩序,不仅违背了公益组织的宗旨,甚至还诱发了市场系统中的道德法律问题。

三、监督不足而指责有余的舆论会造成组织的诚信社会评价升级

舆论的引导对事态的发展起着推波助澜的作用,公益组织因

为接受了大量的社会无偿捐赠,因而整个社会对公益组织的事件高度关注和极其敏感,这也导致公益组织事件曝光之后必然会掀起极大的公众舆论。

"郭美美事件"引发中国红十字会诚信危机,社会公众对公益组织的关注和评论达到了前所未有的程度,社会公众对中国红十字会的善款流向不明、运作不公开以及体制官僚化等问题提出了质疑。中国知名网络论坛天涯论坛的网友在事件曝光后,第一时间通过发帖子和评论等方式表达了自己对中国红十字会诚信的质疑,有网友甚至希望通过国际红十字会起诉中国红十字会的法律方式来制裁中国红十字会贪污善款的行为;有些网友认为中国红十字会在几天之内信用坍塌并非一日之损,而是其长久以来的不透明、不公开以及行政强捐行为导致的社会怨愤总爆发;有些网友认为中国红十字会信任危机的最重要原因是其体制问题。同时,公众对郭美美认证身份中涉及的"红十字会商会"等商业属性的问题也提出了质疑。

公众舆论具有积极的一面,它会形成对公益组织的社会监督,公益的捐助很大一部分都是来自爱心公众,但作为捐赠主体的社会大众,在很长时间里并没有意识到自己的捐赠款是如何支出的,是否实现了捐赠行为帮贫扶弱的目的,是否践履了人道主义的公益伦理。

在公益组织的外部环境中,公众舆论本身就是其中十分重要的内容,从长远来看,舆论推动的关注和监督能摒除公益环境中的不良习气,让公益组织在他律制约下更好地自律,从而推进整个公益事业的健康可持续发展。可以看到,在"中国红十字会事件"中,公众舆论使中国红十字会的公信力在迅速削弱,同时也使社会各界开始关注公益组织,并对中国公益组织的架构和运行开始剖析和反思。

但是,如果舆论不能以事实为根据,不是站在一个客观实证的立场看待事件本身,而是以偏见、成见或者别有用心去"造势"的话,那么不仅产生不了监督的效果,反而会将一些事件的诚信社会评价升级,给组织和行业的诚信声誉带来影响。

曾经在社会上引起极大非议的"卢俊卿事件"一度成为众矢之的,当事人卢俊卿的女儿甚至被称作"卢美美"。但在舆论态势逐渐冷却下来之后,不少事实性的数据和报道也逐渐"浮出水面",著名律师钱卫清在《卢美美事件真相》一书中认为,"卢俊卿事件"之中牵涉的"中非希望工程"是定向募捐,未动用一分钱的公众善款,而被冠以"卢美美"称号的24岁"富二代"卢星宇"掌管"巨额善款,更是荒唐的造谣。著名经济学家吴敬琏在事件发生的当年即2011年的"财新峰会"论坛上发表了自己的看法,他坦言世界杰出华商协会(卢俊卿任主席)之所以会引起公众误解,主要是传媒的问题,是在引导上有问题,这是媒体的弊端。媒体报道之前应该进行调查,让大家清楚是怎么一回事,老百姓本身不会对服务业特别的反感,但容易受到媒体观点的影响。

第三节 公益组织诚信生态失衡的风险

从对公益组织行为和现象中所映射出的主观和客观因素分析可以看出,公益组织的诚信问题具有多重性和复杂性,公益组织要实现诚信公益并提升公信力,必须要处理好内部与外部多重主体勾连的影响要素。这一分析及结论一方面论证了公益组织诚信生态作为一种形构系统的现实性,这种现实性要求公益组织诚信治理的过程中要具备系统性视野，不能仅仅将其作为一般性组织来进行诚信建设；另一方面也折射出在当前中国公益组织的初步发展阶段，公益组织的诚信生态存在着失衡风险。

尽管在案例中分析的影响因素目前尚处在可控阶段，还不至于让公益组织诚信生态严重失衡，还只是处在失衡的现象阶段，但如果不加以重视并寻找解决路径，它们对于公益事业、社会诚信、政府公信力以及社会资源和人际信任等方面将会起到极大的破坏作用。公益组织诚信生态失衡可能会带来对社会公益事业发展的阻碍、对社会诚信建设的不利影响、对政府公信力的进一步削弱、对社会人际信任的破坏以及导致社会资源的流失等风险。

一、对社会公益事业发展的阻碍

公益精神代表着社会的良知和公众的爱心，象征着人类道德实践的制高点，正是因为它的高度和纯度，因此公益精神的践履过程可能会受到各种因素的影响，以至于偏离正道或污染杂质。公益精神的异化具有巨大的破坏性，不仅伤害着社会的爱心和善举，阻碍着社会大众行善的可持续性，甚至干扰整个公益行业的发展，使本可以通过社会力量去完成的事项受到阻碍，使大量亟待帮扶的群体无法获得支持，使一些涉及公共利益的问题得不到关注和解决，进而影响到我国公益事业的持续发展。

在这一危机事件的应对过程中，尽管中国红十字会在事后的各项补偿措施是及时的，态度也是诚恳的，但事实表明，中国红十字会所陷入的诚信危机使社会的捐助信心锐减。据报道，"郭美美事件"发生后,深圳市红十字会接收到的唯一社会捐款为100元,而佛山市红十字会系统包括医院、学校等则未收到任何捐款。据资料显示,2012年中国各级红十字会系统接收到的社会捐款总计21.88亿元,与2011年相比下降了6.79亿元,同比下降23.68%,这也是红十字会系统接收社会捐赠额的连续第二年下降,2011年降幅达57.39%。"红会诚信危机"影响到的不仅是这一个组织系统,更是整个社会的公益建设。2011年全国接收国内外款物捐赠总额约845亿元,比2010年下降18.12%。2012年全国接收国内外款物捐赠总额约817亿元,较2011年下降3.31%。捐赠总额连续两年下降,但降幅趋缓。公益组织的诚信危机所引发的整个公益行业的公信力危机,对正处在成长期的中国公益事业而言,无疑是致命的。

公益组织诚信生态失衡使公益组织社会资源再分配的杠杆作用被削弱。大量公益组织的存在就是为了解决资源再平衡的问题,公益组织承担着受托人和捐赠人的良好意愿,也正是有公益组织的活动,才减少了捐助者和受助者的搜寻成本。然而在现实中,由于可信赖的公益组织的缺乏,陷入筹资困境的公益组织与捐赠者无处奉献的爱心形成鲜明的对比,这种境况不但阻碍了公益组织自身的发展,也使得公益事业遭受重大损失。

公益组织诚信生态失衡会使公益组织更加缺乏可利用的资源。慈善家陈光标亲自到第一线做慈善,把现金亲手发给灾民。陈先生的高调慈善引起大量争议,他自己解释"高调秀慈善"的动机是为了让更多的人去关注公益、关注慈善,这个解释是显性的、明里的,还有一个隐性的、暗里的原因则是他对现今各类公益慈善组织的不信任。企业家做慈善,或者交给公益组织或者自己成立基金会,除了冲在第一线的陈光标,还有不少选择成立自己的公益平台或基金机构的企业家,这一现象背后折射出的是公益组织公信力不高的问题。

公益组织诚信生态失衡还使公民参与公益的热情削减。他们或者选择关闭爱心之门,或者自己联系需要帮助的群体,这些都是不利于公益组织成长的环境。

二、对社会诚信建设的不利影响

公益组织诚信生态失衡将影响到社会的整体性诚信建设。公益组织代表着社会权力,社会权力是一种非国家、非政府的权力,承载这种权力的是各式各样的社会组织或者社群、社区。当前的中国仍处于"大政府,小社会"的格局,政府权力对社会权力仍存在着挤压,这也造成了我国当前众多社会矛盾难以处理,经常处于风险之中的结构性原因,因而,社会权力需要一定程度地被赋予。但尽管如此,并不意味着社会权力的释放就可以自然地促进社会的稳定、自由和美好、繁荣。社会权力不是一块凝合而成且一成不变的固体,它是一种多元化、分别化的权力形态。这种多元的、分别的形态固然可以促进社会活力,但如果社会本身没有一个道德的认同或者法治的轨道,活力的表象之下是容易走向失序的散乱,因此,如果作为社会权力代表的公益组织屡屡失信,这便意味着其承载的社会权力作用是消极的,也就无法对社会诚信建设起到道德整合作用。

事实表明,公益组织的诚信危机所带来的社会负面影响是其他组织"难以企及"的,中国红十字会和施乐会的诚信危机事件,虽然进行了事后的调查,相关部门和当事人也出面澄清甚至检讨,也向公众承诺了整改和补偿,但公众不仅未能消弭质疑和指责的强烈情绪,而且还以实际的行动表达自己的不信任。

三、对政府公信力的进一步削弱

公益组织诚信生态失衡会进一步降低政府的公信力。这一点主要基于政府在社会公益事业中的角色,正如杨团指出,"中国创造了'社会组织'这个词,其实已经将社会组织区别于西方国家单纯自治性的非营利组织。中国的社会治理也不可能是西方那种社会中心主义和公民个人本位,而是国家依靠各类社会组织当然还有企业组织,以组织协同和公民参与的方式来扩展公民权及让社会和谐发展的'治理术'"[①]。

部分公益组织本身就是体制内的角色,当这些公益组织出现不诚信问题时,自然会严重影响政府的公信力。还有一部分组织虽然是草根,但仍是政府治理之下的社会角色,这些草根组织的失信现象也在一定程度上折射出政府的治理水平。

四、对社会人际信任的破坏

公益组织诚信生态失衡也会对社会人际信任产生破坏作用。结社自由是公益组织的重要特点。市场经济的发展不仅解放和发展着生产力,创造着巨大的物质财富,它更是用一种极其迅猛的方式改变着人与人之间的社会关系,冲击着固守了几千年的注重血缘纽带的中国社会关系结构。由市场、货币、商品带动而产生的社会流动,使微观层次由血缘连接的社会关系向业缘、地缘、志缘等连接的社会关系转变,这种转变又以新的组织化形态表现出来,构成了流变中的各种社会组织,表现为以业缘为纽带的行业协会、商会、各种企业联合会,或以地缘为纽带的社区、居民联合会,或以志

---

① 杨团.尽快启动社会组织存量改革推进社会协治[J].行政管理改革,2015(4).

缘为纽带的公益、慈善团体、基金会、志愿服务组织,等等。从本质上来说,公益组织是志缘纽带下的组织,做公益是为了超越个人和组织自身的利益诉求,做公益的人首先应当具有志愿奉献的精神,这种为大众谋利益的志愿奉献精神就成为公益组织形成的精神纽带。

相比较血缘纽带的家庭组织和业缘纽带的职业组织,公益组织则相对比较松散。一部分草根公益组织按照法定程序进行了登记,并处于政府的监管范围内;而另有一部分组织则处于更加松散的状态,处在政府的管理范围之外,建立或解散都比较随意。松散状态看起来似乎潜藏有社会风险,却是社会的一种自发秩序,有其自生的因果逻辑和自洽的结构机制,特别是随着社会流动性的增加和互联网技术的创新,越来越多的以各种缘起因由连接而成的次级群体成为个体对抗存在的社会压力甚或精神虚无的方式。但是,如果连接着广泛社会力量和体现着社会缘起因由的组织产生失信问题,那么这种社会内生的自发秩序将会遭到破坏,其中最核心的就是人际之间的相互信任会出现问题。现代社会信任是制度式、契约式的陌生人信任,志愿纽带也好,结社自由也好,都是陌生人之间发生的关系。

因而,公益组织诚信生态的失衡会因公益组织自由结社的特点而使广泛的人际关系信任遭到破坏。公益组织的正式成员并不多,很多公益活动需要志愿者,但如果组织不诚信,这种以志缘为纽带的关系也就不能保持良性的扩展和维系。公益组织失信破坏的是社会结社自由的道德力,也就破坏了社会的人际信任。

总而言之,公益组织诚信生态失衡对社会关系的破坏是十分严重的,它摧毁的是人的高贵心灵和纯美感受。"人们正在学习鉴别和防范日常生活中的邪恶,当这种邪恶伪装为善行而潜入的时候,我们的感觉是受到莫大的侮辱。"①

五、导致社会资源的流失

公益组织诚信生态失衡会导致社会资源的流失。失信的问题不可避免地与利益联系在一起,当社会开始越来越关注公益问题时,一定会有大量的有形和无形的资源向其倾斜,因此在这个领域中无疑存在着极大的利益空间。公益领域的资源因为其所具有的一定的无条件性和无偿性而显得特别诱人,这些资源主要来自三个领域,其一是政府,政府视公益组织为其重要的合作伙伴关系,会有直接的费用支持和诸如免税、购买服务、孵化等政策支持;其二是企业的捐助,企业的无偿性捐助对于组织而言是一笔无须付出成本代价的巨大资源;其三是社会的爱心,一旦组织被冠以"公益"两字,无疑会从社会中获得更多情感和价值的认同,由此也可能带来利益扶持,特别是一些以慈善为主的活动甚或非组织化的个人行为,在短时期内都能获得极大的社会关注和捐助。2014年5月底,杨六斤的故事在广西电视台播出后,短短一个月时间内,为其捐助的款项就达到了500多万元。当然这种利益也是双向的,如政府,或者包括企业家和明星在内的热衷公益慈善的社会名流,也可以获得一定程度的知名度和美誉度。

根据中国民政局捐助信息中心《2013年度中国慈善捐助报告》的信息,2013年中国社会捐助总额达到了989.42亿元,比

---

① 张梦中,马克·霍哲.探索中的中国公共管理[M].广州:中山大学出版社,2002:183.

2012年增加了21.06%[①]。但受到"郭美美事件"的影响,中国红十字会占这一捐助总额的比例不足4%。这一数据信息表现出几个事实:第一,尽管中国红十字会的诚信阴霾还未散去,但社会的捐助行为已经成为一种递增式的常态;第二,随着大量社会财富的创造和现代人价值观念的变化,公益领域所获得的社会有形资产已经越来越多;第三,在制度和文化还不足以形成外部和内部的双向约束的情况下,如何去监管这样一大笔社会公益资源,是一个越来越紧迫的现实问题。

这样的紧迫显然并非杞人忧天,在现实中,一些公益组织正是在巨大的利益诱惑下,或者违背公益精神只顾私利,甚至不惜冒着违法风险侵吞公益资产;或者打着公益旗号进行欺骗,欺骗政府、企业及社会公众;或者不顾公益事业的可持续发展,只顾自身的短期利益,不注重承诺,不注重规范操作,造成结果上的失误。这些行为不仅造成了公益组织诚信信誉的坍塌,也导致了社会资源的大量流失。

第四节 公益组织诚信生态的总体预期

尽管公益组织诚信生态中存在着失衡现象,有的起因于人本身,有的归结为体制原因,有的探究至文化源头,但是从公益事业的整体发展和社会生活的全局视野来看,这些失衡现象并非是主流,从中国公益组织发展的历史阶段而言,起步阶段失衡现象的存

[①] 舒迪.解读《2013年度中国慈善捐助报告》[N].人民政协报,2014-09-23.

第三章　诚信生态框架下公益组织的失信问题及影响因素

在也是不可避免的。为此，对公益组织诚信生态运行的未来展望仍是积极乐观的。

一、公益组织失信并非主流

当前的中国公益组织失信现象只是衍生于某些公益生态空间和存在于一小部分公益从业人员身上，并未形成一种流行的公益趋势和定格为一套盛行的组织潜规则。公益组织失信并没有腐蚀大部分公益组织领域，绝大部分公益从业人员还是能够做到诚信的，绝大部分公益从业人员还是非常认同诚信及其蕴含的价值理念的，他们坚决摒弃不诚信的价值观。

从当前公益组织从业人员的总体精神风貌来看，公益组织失信不可能是主流。即便是在有失信情况发生的公益组织中，很多时候也并非其真实的意愿，首先在其内心深处并没有形成对失信之行为的肯定和传播，他们中的许多人也意识到失信行为本身的不合理性和错误性。即便存在着一些行为上失信的公益人或组织，也可能是由各种错综复杂的利益冲突或结构性原因所引起，在行为的动机上可能并不存在主动失信的意识。这些失信行为并非是动机性失信和道德性失信，而是由外部情境的诱因或者内部治理的不科学而导致，这种失信行为应该说还是一种表面性、短期性的失信现象，没有任何一家公益组织会去传播"失信才能获利""失信才是合理"的观念。可以说，公益组织失信现象并非主流，也并非常态。

从引起失信质疑的一些组织被调查的结果来看，被举报过的嫣然天使基金、壹基金、中华儿慈会等组织，在问题提出来之后能通过各种方式澄清，或主动出具财物审计报告，或接受民政局调查，或直接接受举报人面对面的质疑，调查结果也是基本没有问题的。虽然对最终公布的结果仍存有不少非议之声,但这些举动在一定程度上也说明了组织的自信和自律。另外,几起失信事件引发的社会负效应也给大多数公益组织的诚信问题提出了预警,行业和各组织都在纷纷采取行动,把过去存在的失信风险进行评估,并加强了监管,可以说,遏制失信是一个公益组织未来发展的态势。

从党和政府对于公益组织失信的态度来看,公益组织失信也不可能是主流,对于任何领域的失信问题,党和政府的态度一向都是旗帜鲜明的,即大力加强诚信建设,极力惩治失信行为。

二、起步阶段失信风险现实存在

现代公益组织在中国仍属于起步阶段,正如我们之前分析过的,中国公益组织和国际普遍认证的"六标准"尚有较大离距,这种离距的原因一方面有中国社会的特殊背景,更重要的是中国公益组织发展阶段的原因。当一种新生事物产生之时,必然会有不科学、不规范的试错环节,也会面临着旧习气的牵绊,公益组织的失信问题随着社会现代化程度的提升必将逐步改变。

在这个问题上,一些来自西方的监督约束机制可以为我所用,但其建立也需要一个过程,例如建立失信惩戒机制,这需要建立起一个庞大的数据库,数据库不仅涉及形形色色的公益组织,更涉及组织开展的诸多社会活动,以及活动相关方给予的监督评价和绩效考核等指标,这是一个各相关方共同协作的系统工程,在公益组织的现有发展阶段,完全建立起这一数据库显然并非易事。

在公益发展的未来,我们可以预期公益组织在不断往前发展,

第三章 诚信生态框架下公益组织的失信问题及影响因素

无论是组织自身、行业环境还是社会环境,都会日渐走向成熟。另外,公益组织中存在着一些魅力型人格的先锋人物,他们将成为公益生态圈走向良性轨道的砥柱力量。不少公益领导人或社会先锋性人物大量投身于公益事业,产生行业示范效应,将会对公益组织的自身建设起到道德榜样作用。随着法制的不断完善、机制的不断健全、文化的日渐丰富,以及理性所带来的社会参与和包容,都会为公益组织的诚信建设创造健康优质的环境。

第四章 公益组织诚信生态失衡现象的深层因素及剖析

公益组织诚信生态呈现失衡现象,意味着在这一系统中存在着一些不成熟和不健全的因素,这些因素具有普遍性和根本性,是公益组织失衡现象背后的深层次原因。要解决失衡问题,必须要深入地寻找并梳理清楚这些深层次原因,寻找它们的生发机制,只有找到了那些根本性的消极因素,才能从根本上解决失衡的问题。

第一节 公益组织诚信生态失衡的组织主体因素

虽然公益组织具有较大的开放性,与外部环境具有紧密的关联度,但作为一个完整的结构,组织内部又是一个以成员、结构、行动机制等形成的过程性系统,也是一个以利益为诉求的目标体系。公益组织接受社会资源,也就有了关于资源的产权问题;公益组织为社会提供服务,也就有了关于产品的问题;公益组织有稳定成员和管理系统,就会产生成员的主体性问题和管理的过程性问题;而作为一个社会行动单位,公益组织还会产生一个被评价的问题。

这些问题的不成熟或者不完善是否造成公益组织的失信问题,并对公益组织的诚信生态产生一定的消极影响?

一、公益产权的模糊性与组织失信问题

产权一般指人对物的所有权及由此产生的处置、分配、受益、委托等权力。产权的实质不仅仅是人与物的关系以及由此带来的规范和权力,更是一种人与人关系原则的确立,清晰的产权使每个人在与特定的物质资源发生关系时能遵守规则并承担责任。公益组织特别是公益基金会掌握着大量的公益慈善资产,涉及资产产权的问题,公益资产的来源主要有各类形式的社会捐赠、来自政府的财政支持和补贴,以及政府购买服务的资金等,这种公益资产应当去探讨它的产权属性,有学者已经针对公益基金会的治理问题提出"公益产权"[①]的概念,这是对公益资产法律属性的科学界定,体现了公益组织在法律框架下运行的现实需求。

公益资产产权具有区别于营利性组织资产产权的特殊性,特殊性之一在于公益资产的委托受托过程存在着产权主体转换的情况,公益资产的拥有者一旦通过捐赠的方式将资产投入公益组织中,他们将不再享有对于这些资产的所有权,即不再享有与资产相关的控制权、分配权、处置权和受益权等。特殊性之二在于公益资产存在着主体不明确的情形,捐赠者、公益组织和受助者三者分别扮演委托人、代理人和受益人的角色。在公益资产进行社会分配之前的阶段,三方都不能称为实质的产权主体,受益人虽然是公益资产的享受者,但其对公益资产的占有是在捐助行为最后环节才得以实现的,因此受益人最初只是一个潜在的产权主体,而在捐助

---

① 王名,贾西津.基金会的产权结构与治理[J].经济界,2003(1).

行为的初始阶段,公益资产的产权主体是实质性空缺的。特殊性之三在于当公益资产开始进行社会分配活动时,分配资产的产权现实地归于受益者,但从理论上讲,公益组织仍应拥有对这部分分配资产的控制权,否则将会造成资产使用过程中的不透明问题,但现有法律制度并没有对公益组织控制权做出清晰的界定和规范,这可能会造成由于公益资产缺乏控制主体而引发的道德风险。

公益组织的财产产权的缺位使产权所衍生的权利义务关系变得十分模糊和松散。营利性组织与股东之间存在着相互制衡关系,产权所有者的股东既有出资的义务,又有监督的权利,企业需要通过董事会、年报和定期审计向股东公布财务收支状况,两者之间的信息架构至少在形式上保持着动态平衡。企业不断向产权所有者传递业绩等信息,股东则基于自身资本保值增值的利益需求,对企业进行严格的监督和评估。

而在公益组织中,由于产权的特殊性,公益组织与其资源的供给人之间并不存在这种基于相互利益考量的制衡关系。捐助人基于自己的慈善意愿和价值诉求将产权移交给组织,但从财团法人的规制上来说,公益组织又大多不是财团法人,只是一个资产的管理者,而非资产的所有者,即股权的缺失。股权缺失导致资产所有者缺位,资产所有者缺位意味着公益组织与捐赠人之间的法律关系处于非对等化状态。公益社会组织的捐赠人在转移了资产产权之后,仅仅负有了义务,在一般情况下并不享有权利,这种非对等化的权利义务配置模式致使公益组织的捐赠人与公益组织之间无法进行常规化的信息交换。

信息交换的缺失不仅导致公益组织的捐赠人无法通过常规化的组织机制了解、管理和监督公益性社会组织,而且也使得公益组织向捐赠人实施详细的信息反馈失去根本的动力机制。同时,由于产权缺位的问题，公益组织恒定的非营利目标与组织的实际控制人之间存在着一种紧张关系，也就是说，非营利目标群体与资产实际控制者之间并不存在显性的利益关联，一旦缺乏相应的约束机制，公益组织便既可以成为社会福利的提供者，也可以变成牟取私人利益的工具。另外，由于在法律意义上非营利法人也不是特定捐赠人或者受益人的代理人，因此一旦出现资源流失等现象，问责的对象也是模糊不确定的。

二、公益产品的特殊性与组织失信问题

另有一些公益组织主要为社会提供公共服务，一般来说，公益组织的社会服务被称为准公共产品，它是介乎于公共物品和私人物品中的一种产品属性。随着政府职能改革和经济体制转轨，准公共物品的提供主体多元化趋势日益凸显。公益组织日益成为准公共物品的重要供给主体，为社会提供了教育、科技、文化、卫生、体育、社会福利等准公共物品，对促进经济发展、社会公平、环境保护、生态安全、人类健康、文化交流等发挥着无以替代的作用。它们不仅能够较好地实现社会公平和经济效率的协调，而且能够较好地满足人们对公共物品种类、层次以及数量等方面的多元需求。

准公共物品具有区别于公共物品和普通商品的特殊性，这种特殊性使准公共产品存在着质量和效果的评价困境。具有私人产权的普通商品，供给方和需求方通过买卖的市场原则进行产品交换，且大部分需求方即是消费者，他们可以依据使用情况来评价产品的质量或服务，而具有非排他性和非竞争性的公共物品则具有更加直接和广泛的消费群体和评价渠道，无论是普通商品抑或公共物品，消费者的评价和反馈都可以成为保证产品质量和服务的约束机制，也是防止失信问题产生的有效渠道。然而准公共物品

却不具有购买和消费的直接性,受益人或消费者对于公益产品和服务存在着较大程度的无知,这种无知往往为公益组织的志愿失灵及其管理的偷懒行为和机会主义提供了重要的理由。现实中大多数情况下,购买组织服务的支付方是政府,消费服务的接受方则是公益需求者,这样公益接受者作为消费者的角色显得并不重要,因为其往往不是服务的直接购买者,他们即便是公益产品的使用者,也无法对产品进行评估,因为缺少公益产品和服务质与量的有关信息。此外,公益组织提供的产品和服务与其最终效果之间具有时间上的差别等问题,也使评价公益产品的产出数量和质量成为一个难题。

三、"公益人"假设与组织失信问题

"公益人"假设是指社会对从事公益的人预设较高的道德期待,使对"公益人"的监督大大疏忽,从而造成"公益人"的失信。总体上看,对公益组织的人性假设一般归结为具有宗教意味的道德人,西方基督教倡导的奉献、利他观念为人们投身公益奠定了价值基础,而我国虽然没有宗教传统,但仍有包括儒释道的类宗教精神源泉,其中的"人性本善""上善若水""致良知"等价值观也成为民间公益力量生发的基底。中西方文化中的这种价值判断,在现实中往往映射到对公益组织及其成员不切实际的道德预设之上,产生了所谓"公益人"假设,即公益组织及其成员既然投身公益事业,就具有道德高尚、不存在任何诚信问题的完美人格。

然而,现实中"公益人"假设毕竟是一个完美的神话,"公益人"也是人,他首先会具有人性的普遍性。人是血肉之躯,有需求和欲望,有情感和意识,而且主观性的动机目的会随着外部环境的变化而变化。曾经的公益楷模"中国妈妈胡曼莉"被"美国妈妈"以侵吞

善款为由告上法庭,也让我们看到"公益人"在缺乏制度约束的情况下所产生的不诚信甚至是违法行为①。此类"公益人"失信问题在各国都有发生,即便是在公益文化成熟、法治监管严格的美国也不能完全避免。成立于1999年的美国遗产基金会也曾爆出雇员贪污的丑闻②。

"公益人"失信问题之所以会产生,主要有以下几点原因:

首先,公益组织不断获得大量的社会资源,刺激了个人的私利动机。在组织不断获得无偿社会资源的情况下,个人私利的动机有可能产生或膨胀,在项目执行过程中也可能起心动念去侵占公益资源。实际上无论是从事任何行动,纯粹的无私奉献和利他主义毕竟是不多见的,大卫·休谟(David Hume)指出:"个人利益与普遍利益并不是天然一致的,由于人性的弱点,比如注重眼前利益,缺少长远打算,过分看重自己的利益,往往会做出破坏公益的事情。这样,相互影响的人们最终会陷入越来越严重的对公道的破坏中。"③而如果把组织作为一个行动人来看,公益捐赠人与受捐人之间是委托代理关系,"利他主义者——捐赠人不可能找到这样一个完美的代理人,完全按照委托人的意愿行事。"④

其次,公益行业人员职业化、专门化需要降低了志愿动机。公益组织数量的迅猛增加带来了组织从业人员数量的不断提升,但有一个现实困境是专业化人才是缺失状态。当前中国公益行业正在面临从政府主导向民间主导、从少数精英的个人行为向广大公众参与的组织化行为、从分割垄断格局向统一市场竞争格局转变

---

① 傅剑锋.官方审计揭示"中国母亲"真相[N].南方周末,2007-04-12.
② 董文琪.美国遗产基金会因雇员贪污失信于公众[J].中国社会组织,2014(2).
③ 大卫·休谟.人性论[M].北京:商务印书馆,1983:577-578.
④ 李晓明.国内外非营利组织研究述评[J].西北大学学报(哲学社会科学版),2007(5).

的重大转型,这就要求公益组织从业人员的素质也要相应转型,即从简单的资源转移型向专业运作型转变。相对而言,体制外公益组织的成员或参与者,其公益行动的自发性和志愿性更突出,其道德感可能会高于体制内公益组织。在官办条件下,组织成员参与公益的动机和目的可能是多样的,生存需求、事业策略或个人兴趣等,这些复杂多元的动机背后可能隐藏着偏离志愿、奉献、利他等公益伦理的价值精神,使其行为更易于向个人"私益"的轨道靠近。当然,体制外公益组织也存在着对公益伦理的遵守持续性不足的问题,一些到公益组织工作的人单纯只是为了求职,甚或是以公益组织工作经历成为今后求职的跳板,他们一旦找到了更好的去处就会跳槽,不可持续的问题使处于运行中的公益项目被迫中止,导致的则是公益组织无法完成公益目标,行为结果失信于民。

再次,如同组织的科学管理一样,公益组织的人才是否专业也对组织的诚信产生间接性影响。如在雅安地震救灾过程中,雅安地区的一些NGO缺乏有经验的人员带领,导致一些NGO在获得捐赠和开展项目时,只能使用大量的实习生和义工,结果使项目的执行成效未能完全达到预期目标。有人曾把抗震救灾过程中产生的社会捐赠潮形容为一个"堰塞湖",认为这个湖不仅在考验着政府,也在考验着公益组织;既考验着公益人的诚信道德,也考验着他们的专业能力。从现实中一些公益项目的运作来看,公益人的专业能力确实还有很大的提升空间,不少公益组织有上游基金会资助,却没有能力运作这些公益资金,没有能力去运作,会使资金存在着不用、滥用、无用、浪费等问题,直接影响到公益组织的诚信。

此外,还有一些因非专业化的操作可能产生的问题,包括:一些公益组织的决策者由于是官方委派,官僚作风严重,使得对公益决策思维出现问题；一些公益项目缺乏发展规划和明确目标，随意性大；还有一些非专业化操作使公益项目的动机和结果背离，主观动机和客观结果走样，等等，专业化程度低的公益活动甚至会在一定程度上丧失自己的立场和使命，使公益组织失去社会的信任和支持。

四、公益组织内部治理与组织失信问题

公益组织的组织架构和运行机制是内部治理的两个主要内容，组织要有一个健全的治理结构和机制，才能获得各个利益相关方的信任，并最终促进公益组织完成其使命。现阶段不少公益组织在这两个方面仍存在着一些不合理、不健全的问题，直接导致了组织失信、公信力不高的现象。2010年5月，曹德旺、曹晖父子以个人名义向中国扶贫基金会捐赠善款2亿元，这样一笔捐款截至当时是国内最大单笔个人捐款，但捐赠人曹氏父子对款项的使用开出了十分苛刻的条件。根据曹德旺提出的要求，"捐款发放过程中差错率不超过1%，管理费不超过3%"[①]。这些条款被明确写入捐赠协议。

这一案例不仅开了捐赠人有效参与并严格监管款项分配过程的先河，更进一步说明了一个问题，正是由于基金会等公益组织存在着财务信息不透明的现状，才使得包括企业家在内的社会捐赠主体对其中的资金操作过程才不甚放心。如何进行有效的内部治理来提升组织的诚信度，是当下我国公益组织面临的一个重要问题。

（一）财务审计制度不完善

由于财务审计制度的不完善，公益组织财务违规现象屡见报

---

① 肖欢欢."最苛刻捐款"触动中国捐款体制[N].广州日报，2011-03-17.

端,如"天价餐费"所折射的财务浪费问题,挪用公益基金及捐赠物资从事不符合其宗旨活动的问题,等等。

尽管所有公益组织都在其成立章程中明确了财务公开制度,但是这些制度在现实中并没有发挥实质性的作用[①]。一般而言,组织的财务年报要体现出三大表(资产负债表、业务活动表和现金流量表)的信息。对公益组织而言,最受到关注和重视的是如何使用公益资源的问题,也即是三大表中的现金流量表。现金流量表包含业务活动产生的现金流量、投资活动产生的现金流量两部分重要数据,一般情况下应当可以从表中看到资助公益项目的支出、行政管理经费的支出和投资活动的支出等信息。

由于财务审计制度的不完善,公益组织的财务反馈意识比较淡薄,即便组织有相应的财务审计规范但操作性较弱,财务人员专业性不足,对捐赠资源的科目确认及计量方式不明确,且披露标准和问责主体都较为模糊,这些问题的存在使不少公益组织既没有意愿也没有能力向社会公开其内部财务信息。也正因为无法看到组织的财务信息,公众对组织在资金使用方面是否合乎公益宗旨,是否合理合规,是存有疑虑的。

(二)组织架构中的虚设化和随意化

组织架构虚设化主要体现于体制内公益组织中。体制内公益组织大多是从计划经济时代的事业单位转型而来的,还没有进行现代化组织管理模式的改革,其组织架构依然采用类似于党政机关、事业单位的形式,这与公益组织社会化、专业化、现代化的现实要求无疑是相悖的,因为"官僚制"产生的效率及扯皮问题,也往往

[①] 周志忍,陈庆云.自律与他律:第三部门监督机制个案研究[M].杭州:浙江人民出版社,1999:107-108.

成为社会诟病较多的对象[①]。随意化则大多体现于体制外公益组织中，一些体制外组织为了减少成本，没有建立一套较为完整的组织架构，在人员设置、分工安排、规范建立等问题上不愿意投入过多的资源和精力，导致组织在运行过程中出现散漫和随便的现象，既影响组织自身的行为结果，也会在一定程度上影响公益组织的整体形象。

此外，虽然我国各公益组织都依据法律法规设立了理事会、监事会等机构，理事会对于公益组织相当于代表出资方的董事会，对组织的目标宗旨、项目审批、活动控制、资金使用、人事变动等一系列问题具有决策权，但现实运作中，理事不"理"事，理事虚位等问题依然层出不穷。本来应当作为决策机构为决策承担责任，也要作为出资一方成为问责的载体，但是形同虚设，无法发挥其应有的作用。

（三）信息公开机制不健全

公益组织信息公开中的平台建设和披露机制等方面仍不健全。公益慈善资源取之于民，用之于民，公众理当有知情权。组织的活动信息应当包含组织的财务、人事、管理等基本信息，还有具体的组织活动信息，如组织是怎样将财物等资源送达受助者手中，以及项目运行过程中的具体情况、提供服务之后受众的真实评价和反馈等信息。

然而现实中，公益组织信息公开机制建设滞后，公众无从获知信息等问题屡见不鲜。即便是有行业和社会层面的信息披露平台，公益组织也不愿意参与信息公开，因为一旦参与到信息公开机

---

① 丁惠平.当前我国社会组织理论体系的建构：基于多维度视角的思考[J].福建论坛·人文社会科学版,2013(11).

制中,自身的很多问题就可能会暴露①。根据《中国公益慈善组织透明度观察报告(2013—2015年度)》显示,参与测评的93个公益慈善组织透明度平均分仅为35.49,满分设置是100分。最高得分是上海市慈善基金会,得分83分,还有4个组织得分是0分。若以60分作为及格线,仅有8个组织得分及格,及格率为8.6%;若以满分的一半50分作为及格线,也只有16个组织及格,及格率为17.2%;还有16个组织的得分不足20分②。信息不公开,透明度如此之低,也无怪社会公众对公益组织产生质疑。

五、公益行动使命与组织失信问题

公益组织的宗旨和使命使其诚信评价指数相对较高,从而拉低了社会对组织失信行为的容忍尺度,一旦公益组织在行为中产生了污点甚至出现技术性错误,就会受到严重的质疑,甚至引发公信力危机。

2014年,中国红十字会又被曝光出租救灾仓库并每年赚取90万元外快的事件,使中国红十字会的公信力在"郭美美事件"之后再一次受到损伤,当任会长赵白鸽对此做了这样的解释,"国家没有给予足够政策的支持,如果不这么做,备灾救灾中心连工资都发不出来"。从表面上理解,这一理由似乎是合情合理,是对中国红十字会工作人员的利益考量,体现了"领导者的用心良苦",但从红十字会这一组织的属性来衡量,这一行为的本身已经构成了对"救济""公益"等宗旨的偏离,在大众眼中就是红十字会违背了其根本

---

① 周秋光,彭顺勇.慈善公益组织治理能力现代化的思考:公信力建设的视角[J].湖南大学学报(社会科学版),2014(6).
② 李媛媛.中国公益慈善组织透明度观察报告(2013—2015年度)[M].北京:法律出版社,2015:15-19.

第四章 公益组织诚信生态失衡现象的深层因素及剖析

宗旨的失信表现，因为这个解释恰恰没有提到一个关键的问题：正是公益组织本质属性中具有人道情感的浓度和公益价值的高度，它才得以获得社会力量无偿的支持，也才能获得社会部门的各种支持，也才有不少有信念追求的企业家和各行各业精英将自己大量的财富、精力投注于其中。公益组织要承载着全社会的信念去从事组织行动，不能以"现实所迫"为名而做出违背信念之事。正如组织管理大师德鲁克（Peter F. Drucker）在谈到非营利组织的特征时所指出的那样，"他们所做的工作既不同于企业，也不同于政府。企业提供的无外乎商品或服务，政府则进行调控，其'产品'既不是一双鞋，也不是一项卓有成效的法规，而是经过改变的人类"①。

"公益市场化"的讨论实质上也触及了公益组织宗旨的问题，在实现"为公共利益而谋"的目标过程中，是不是可以采用容纳一切的手段方式而不问其性质如何？如果仅仅抱有"利益"增加而辐射更大的想法，那作为区别于一般企业的社会组织，尤其是公益组织，又如何实现其价值性引领、精神性升华的社会高度？不难看出，正是"公益市场化"的导向在升级，使偌大的公益性社会空间中出现了严重的不诚信现象，打着公益的旗号聚敛财富的组织并不少见，违规操作使用善款的组织也大量存在，民办非企业单位全盘市场化的行为亦不少见，这些不诚信现象刺痛着大众敏感的神经。公益组织的伦理基础应是一种信念，一种与私欲、工具性、权力性和商业性保持相当距离的公益信念。

因而，对公益组织的诚信及其由此而产生的公信力，可以从"信念"这一概念进行研究。一般来讲，公信力是某一主体从公众

---

① 彼得·德鲁克.非营利组织的管理[M].北京：机械工业出版社，2009：16.

信任中获得的能力,公众信任代表着社会大多数人相信这一组织主体的诚实,并信赖它能够以诚实的态度去履行义务、承担责任。由这种"信"力而产生的公众行为会推动这一组织主体的发展,如政府公信力,即是作为公权力代表的政府从公众中获得信任的能力以及由此产生的影响政府的社会力量。当政府诚实守信、履行责任,使用公权力为社会大众谋福利的时候,公众便产生对政府的信任心理,这种心理又促使公众配合政府治理社会、遵守国家制度、承担公民义务、维护公共政策的运行机制等。

  对公益组织而言,其公信力中的"公"和"信"又与政府公信力中的"公"和"信"有所区别,两者同样包含着公众信任的意思表达,但政府公信力中的"公"又与其掌握的公权力有关,即是契约论中所描述的"公权力是个体权利的自我让渡",这使得公众对公权力合法合理性的使用产生了制约的前提。公众对政府是否信任很大程度上取决于对公权力运行的预期,当积极预期产生时,代表政府公信力较高,反之则较低。在政府公信力问题上,公众对政府输入预期不需要个人自愿地提供,因为政府在获得公权力的同时已经掌握了大量的社会自愿,政府从公信力中获得的是政治合法性。"信"则是公众对政府信用的一种认可态度,包括政府的治理水平、政策能力、危机应对能力等。公益组织具有更高的精神指向,大大小小的组织有着不同的公益诉求,聚合了不同行业、不同旨趣、不同利益、不同目标的群体,公众的区域相对具体,具体公域中的群体对公益组织的"信"是一种更高层次的,也是更脆弱的"信念式信任",或者是"情感式信任",公众对于公益组织有着前设性的良好预期。也正是由于这种情感式信念式的信任,公益组织容易在一种特殊的情境下获得社会捐助,尤其是在组织成立之初,或自然灾害、社会危机问题发生之时,公众很容易通过情感调动、信念口号等方式为社会组织提供支持。而也正是因为这种信任,社会组织也必须保持一种信仰式的虔诚去履行自身的责任,当组织运行过程中出现违背宗旨的客观事件发生时,不管是出于什么样的原因,公众的神经会显得极其敏感,公众的信任也可能会在一夜之间坍塌。

第二节　公益组织诚信生态失衡的政治性因素

公益组织作为在社会发展中承担公益使命的一种组织样态,与政治系统有着密不可分的联系,大致体现在管理与合作两个方面:一是公益组织本身代表着社会的自治权力,但这种权力也始终应当在社会公共权力的管理范围内行使,否则将会产生无政府主义;二是公益组织所承担的社会福利责任与政府责任之间应当是合作共通的关系,只有建立在相互信任之上的合作才能增进社会的总体福利,同时公益组织所需要的社会资源和文化土壤也需要政府的权力效应方可加快生产和培育。鉴于中国社会中存在着政治系统与公益组织之间的特殊关联,政治领域中的权力因素、制度因素以及行政管理等因素可以作为分析公益组织行为的视角。

一、政治权力对公益组织的影响

权力对公益组织的介入和影响,首先可以从组织与政府的关系程度进行分析。有学者归纳了新中国成立后公益组织对政府的不同依附形态,"第一阶段(1949—1978年)称为'高度或完全依附阶段',第二阶段(1978—1998年)称为'重建依附和摆脱依附的抗衡阶段',第三阶段,从 1998 年以后至今,这个阶段可以称为'多样化依附阶段'"①。

其次可以从组织的制度供给环境进行分析,政府行政性法规而非国家层面的法律体系是公益组织的主要外部约束。我国在政府部门中设立专门的社会团体管理部门的历史始于 1988 年,民政部下设社会团体管理司,成为我国政府对社会组织实施统一管理的行政机构,紧接着出台了《基金会管理条例》《社会团体登记管理》等法规,此后各级政府又陆续制定和颁布了一系列相关法规和政策。2016 年召开的十二届全国人大四次会议上审议通过的《慈善法》,将会在较大程度上提升社会慈善公益的法制约束力。

再次,公益组织的发展态势与政府的需要有极大的联系。以基金会的发展为例,1988 年,国务院常务会议通过《基金会管理办法》,但政府对基金会的基本态度是严格控制,直到 2003 年"非典"危机,公益基金会发挥了极大的作用,才形成了其自身发展的契机,"2004 年,《基金会管理条例》正式颁布实施,它正式结束了三重管理体制,转变为二重管理体制,并首次提出鼓励非公募基金会的发展。2004 年以后,越来越多的非公募基金会投入到公益事业中,整个中国基金会行业步入了蓬勃的发展期"②。

以上几点无疑都为政治权力在组织中发挥作用留下了极大的空间。权力的存在是一把双刃剑,在权力的保障和效应下,公益组织能获得足够的安全感和资源。然而,当权力未能实现其应有的功能,或者越位或者缺位,甚或产生了异化时,问题也就随之发生。

---

① 张汝林,范明林. 政府与非政府组织合作机制[M]. 上海:上海大学出版社,2010:3-6.
② 李睿奇,商玉生. 探索公益慈善新思路[J]. 中国慈善家,2014(2).

二、权力越位导致组织的失信风险

一旦公权力进入公益领域而又缺乏监管和制约之时，权力越位、权力渗透等问题的产生将是不可避免的，权力不仅起不到保障公益组织良性发展、行为规范等方面的积极作用，反而会成为公益组织产生失范行为和不诚信社会评价的原因，而现实中已经暴露出的失信问题也的确存在着权力的因素。

（一）权力越位下的失控：组织失信行为的风险

权力越位表现为对结社行为的严格限制致使组织成立的门槛过高，大量的草根组织不得不"非法结社"，造成政府对这些"非法组织"的管理盲区，而这一盲区中又不可避免地会存在着组织行为失范的空间。从本质上看，公益组织是自由结社的活动，体现着社会的权力和自治。结社活动的丰富和多元体现着社会的平等和自由，受到鼓励和保护，然而由于自由的相对性，这种结社行动必然要受到国家公权力的制约，否则将会导致无政府主义或者社会秩序的破坏。对社会结社的控制和管理是需要根据社会实际进行变化，但又要把握秩序性的动态平衡过程。

我国政府长期以来对结社登记的管理制度过于严格。《社会团体登记管理条例》第六条规定民政部门是唯一的社团登记管理机关，任何社会团体的成立必须由"业务主管部门"审查同意，才能向民政部门提出设立申请[①]。也就是说，只有先找到一个愿意当"婆婆"的业务主管单位，才有可能成立社团。由于中国结社登记的严格性和复杂性，大部分社会组织根本不可能进行登记，因为很多相关业务的单位不愿意承担"婆婆"的角色来为自己添麻烦。一

---

① 社会团体登记管理条例[EB/OL].[2014-04-01]. http://mjzx.mca.gov.cn/article/zcfg/201304/20130400437175.shtml.

些组织虽然实质上实现了结社目的,也有固定的成员和一定的组织架构和管理规则,但不愿或者不能登记,也就脱离于政府的管辖范围。

截至 2014 年底,全国共有社会组织 60.6 万个[①],但现实中仍有大量无法按照现行法规登记注册的草根组织,这些组织大多是因为无法找到相应的业务管理部门而不能登记,也有一些组织认为程序烦琐而不愿意登记,特别是随着互联网的兴起,在网络上出现了不少松散型的草根组织,且近年来更以极快的速度在递增。尽管这些组织中有一些维权性和互益性的组织虽未登记,不在官方管辖范围内,但也能处在自身与外界的良性互动中,它们既保持着组织的发展态势,又能对社会环境起到一定的积极影响,但并非所有的组织都处于这种良性状态。

政府对结社登记的严格限制,一方面暗含着权力的某种越位,使结社的自由和公益组织的志愿、自治性质弱化。另一方面权力的越位也隐含着权力的失控风险。权力管制社会组织、保障社会秩序是毋庸置疑的,在中国实行严格的结社登记制度一方面是政府出于对维护社会稳定的考量,另一方面也受到了政府长期承担社会福利的传统思维影响。但是,政府控制社会的能力毕竟是有限的,当门槛太高而结社需求较大时,也就是说当自由结社的趋势超出了政府的控制能力范围时,很有可能会产生一定程度的无序和混乱,相比较处于法律制度和行政管理范围内的正规登记组织,门槛之外的组织由于处在监管盲区,其失范的风险会增加,一些以结社自由为旗号、以公益活动为幌子的非法社会组织也可能会产生,这势必会从宏观上影响公益组织的社会诚信环境和社会诚信

---

① 2014 年社会服务发展统计公报[EB/OL].[2014-04-01]. http://www.mca.gov.cn/article/zwgk/mzyw/201506/20150600832371.shtml.

评价。

即便是相对规范的非登记公益组织,如果没有制度内的登记和监管,也可能会产生短期行为。所谓短期行为,就是组织行动的目标不在于一个长期和深刻的组织品牌和社会效益,而是仅仅出于暂时性的原因进行基于组织利益的行动,组织行动的目标也是不确定和非持续性的。组织的短期行为不追求组织品牌和社会效益,但是会不断地权衡组织利益的得失,当短期内可以通过不诚信手段获得集中性利益时,当失信行为获得的利益大于守信的收益时,基于人的自利天性,组织很有可能会迈出失信的步子。

此外,民政部门和业务主管部门的双重管理体制必然产生双重监督的要求,而在我国的政治现实中,双重监督几乎就是"无人监督"的代名词,在"两不管"的监督缺位状态中,仅仅依靠公益组织自身的自律保障诚信,显然是不现实的。

在社会自治需求越来越大的时代,越位的权力如果不得到限制和改革,将会面临权力失控的危险,不仅无法维护社会的稳定,反而会导致越位之后的失控,使大量的结社活动处于管理范围之外,不利于社会诚信建设和公益组织的良性发展。

(二)权力渗透中的异化:组织失信行为的结果

权力在组织渗透中产生的异化将直接导致公益组织失信行为的结果。在中国,权力不仅直接渗透于体制内公益组织的管理架构中,也渗透于组织的公益行动之中,特别是在社会慈善捐赠方面,政府会参与倡导动员、直接募捐以及善款收支等活动。诚然,在权力的溢出效应之下,公益组织进行社会募捐,使活动得以顺利开展,社会公益资源也可以迅速激活,然而权力在任何领域中运行时都应当警惕它的异化可能,尤其是公益领域中存在着大量的财物等有形资源,一旦权力渗透于这些资源的流向时,不得不警惕它在利益面前的异化可能。

在传统社会和单位制社会的很长一段时间内,公益主要由政府或者说官方来承担,社会的救贫救灾活动由政府来动员,而政府本身也成为接受社会捐助的一个重要渠道。20世纪80年代,随着福利多元化思想在西方社会的广泛提倡,我国的福利体制也开始进行改革,我国政府开始寻求社会空间中的力量和资源去分担社会福利的责任,"在社会福利领域,政府开始倡导以'社会福利社会化'为主题的改革。可以说,中国'社会福利社会化'的提法与西方福利国家改革中的'福利多元主义'思潮在实质上是一致的"①。1999年6月28日,《中华人民共和国公益事业捐赠法》在中华人民共和国第九届全国人民代表大会常务委员会第十次会议上通过,自1999年9月1日起施行。根据《中华人民共和国公益事业捐赠法》的规定,接受捐赠的主体包括公益性社会团体、公益性非营利事业单位和政府机关三种,政府只有在特定条件下才能成为社会捐赠的主体。

然而,在实施经常性捐助活动以来,我国政府仍然是社会募捐的主导角色,一是全国各地纷纷在民政部门设立常年捐助点,2001年颁布的《民政部关于进一步开展经常性社会捐助活动的意见》中明确指出,获得政府民政部门委托之后,公益组织可以经常性地接收社会捐助;二是尽管在法规政策上为公益组织的发展创造了较大的空间,但是对于主要以募捐和分配资金为组织活动的基金会来说,我国政府的渗透和限制却较多。当前,我国有不少公益人士认为政府将公募权掌握在自己手中,对获得公募资格设置极高的门槛是一种不公平的规则,认为"只要在法律的框架内运作,公益

---

① 田凯.非协调约束与组织运作:中国慈善组织与政府关系的个案研究[M].北京:商务印书馆,2004:255.

第四章 公益组织诚信生态失衡现象的深层因素及剖析

组织应该有完全的捐款使用自主权"①。

政府通过介入公益活动，对社会捐赠进行集中管理和有序分配本身也无可厚非，毕竟慈善的最终目的在于为他人提供救助并提升社会的整体福祉。但是这种带有强烈官方色彩的模式具有较大的弊端：一是捐赠的强制性不利于培育政府的服务意识，反而助长了其强权力的不利影响；二是政府对民间公益基金会的公募资格门槛非常高，设定的限定条件很多，使得不少有志于从事公益慈善活动的人士心有余而力不足；而最重要的一个弊端则是容易滋生腐败，直接引发公益慈善行为中的失信问题。一些民间性质的公益基金会因为本身没有独立账户，开展活动都要向挂靠的官方背景单位支取活动经费，他们实质上是挂靠单位的一个独立公益项目，并不具有自主性。而他们通过项目运作所筹集到的资金也不能自己决定怎么花，而是要存入挂靠单位的账户，而因为账户的不透明性和不公开性，也很难弄清楚资金的具体情况。这种资金的不透明性主要是由官方的介入而造成的，因权力渗透于公益组织中而产生的腐败问题很难说是组织的主动意愿，但最终产生的失信评价却主要指向组织，并直接导致组织失信于民。"目前，要求政府退居慈善领域幕后，去扮演管理者角色，让更多的参与主体参与公益事业，已经成为一种强烈的呼声。"②

解决权力腐败的基本手段是对权力进行监管，然而目前对我国公益组织，特别是权力渗透度较大的公益组织的外部监督存在着诸多问题。一方面是具有普遍性的权力监管问题，另一方面是

---

① 卢咏.第三力量——美国非营利性机构和民间外交[M].北京：社会科学文献出版社,2010：280.
② 谈佳隆,马琳琳."中国慈善事业应更加开放"——访洛克菲勒兄弟基金会总裁斯蒂芬·B.汉兹[J].中国经济周刊,2006(46).

特别存在于公益组织中的权力监管缺位的问题。在我国,社会事业主管部门民政局、社会组织的业务单位以及政府审计部门都可以成为政治监督主体,多头主体导致各自的责任不明晰,相互推诿、相互扯皮,使监督无效;法律对公益慈善的监督也未产生有力的支撑,社会公众的监督意愿虽较强,但缺乏一定的制度管道,社会公众监督产生的力量相对薄弱。对于那些"类政府"或与政府关系密切的公益组织而言,由于其携带着大量的公益资源,当手中掌握着这一笔资源时,很容易就忘记自我监管的必要或者主观上会形成监管真空,以保证对这笔资源的掌控和运作。公共选择学派认为,政府本身也是一个"理性人",与市场领域中的企业一样具有自利的动机,因此,若非政府主动自愿,对其所获捐助的资金启动审计监督程序都是非常困难的。2013年,陕西汉中市纪委接到举报称,汉中红十字会常务副会长黎明华挪用中国红十字会资金为他人开办公司验资,经调查该举报事件属实。凝聚社会爱心、本该专款专用的募捐款以及上级拨付的赈灾款在中国红十字会的账户上消失了几次,却无人察觉和监管,这充分说明了由于权力的渗透和遮蔽,公益资源输入输出等环节的不透明现象是极其严重的。

此外,权力的渗透除了表现为政府直接掌控组织的管理和资源外,也体现为权力扶持下编织出的一张张关系网。正如奥康耐尔(O'Connell)所担忧的一样,"如果政府是一个组织所获得支持的一个根本性来源,那么它作为一种独立的力量而为人信靠的能力就必然会成为问题"[①]。

---

① O'Connell, B. A major transfer of government responsibtlity to voluntary organisations? Proceed with caution[J]. Public Administration Review, 56(3): 222-225.

三、法制供给不足弱化组织的诚信约束

目前在我国,与公益组织相关的法律制度对公益组织的诚信约束不足,保障组织诚信的力度疲软。诚信是一种个体的主观心理和行为动机,亦是一种有利于大多数人和社会整体利益的道德规范。在一个社会结构相对固化、人际关系相对封闭的社会来说,依靠诚信道德规范去约束人或组织的行为是奏效的,这样的约束也进一步提升了社会的诚信风尚,使个体和组织能较为自觉地讲诚信。然而,在一个社会结构打破了固有模式,并且人际交往已经不再封闭的社会来说,仅仅依靠诚信规范显然已不足以约束个体或组织为了谋取利益而产生的不诚信心理和行为。当不诚信行为可能会为其带来更大的利益时,当道德规范不足以构成利益损失时,当内心的良知在享受面前已不足挂齿之时,选择不诚信显然就成了一个自然而然的选择,因而要通过法治才能够产生制衡利益驱动失信的刚性力。在公益组织数量众多但社会公信力却很高的美国,主要就是通过联邦《国内税收法典》及各州相关法律来管理、规范组织的各种行为的,尤其是通过具体而明细的《税法典》,让组织在获取、运作、分配社会资源的过程中,既享有特殊权利(免税)以激励其发展壮大,同时又通过明确、定时、定量的财务报表来实现法治的监督与评价。相比较美国,中国对社会组织的管理更多地来自行政权力,出台的各种管理办法具有宽泛、模糊、形而上的文件性语言特点。随着公民监督及网络平台发展,要求信息披露的声音越来越强烈,政府对此也采取了相应的举措,但仍然只能见现象却不见结果,即每年都有财务方面不合格的组织被披露、曝光,但公众试图弄清的其不合格的缘由和对不合格的惩处却无从知晓。

近些年我国的法律法规不断出台或修正,已经逐步形成比较健全和完备的法律体系,但法律制度的健全不仅在于条例数量,更重要的是其可操作性和针对性。现阶段关于公益慈善的各种法规侧重于管理,缺少对组织接受捐助物资、捐助项目运作、捐助资金使用及监管等一系列重要问题的规范。民政部和财政部也有一些相关的行政法规,对社会捐赠的管理使用、对组织资金的运营以及组织成员的福利待遇等都做出了明确规定,但这些规定具有较浓厚的行政色彩,且存在着条文不清晰、内容不具体、操作缺乏可行性等问题。比如在社会捐赠管理使用方面,虽然政府对公益组织有相应的公开要求,但现实情况是捐赠人往往很难有机会看到受赠人公布的受赠财产管理和使用明细,按理说,即便是没有外部的要求,作为连接捐赠人与受赠人的桥梁,公益组织也理应做到对整个捐赠过程进行全透明化的呈现,但事实恰恰是,即便有了规范要求,公益组织也并不会主动呈现,"捐赠者的知情权没有得到应有的保障,这是公益组织产生诚信危机的一个十分重要的因素"[①]。同时,受赠人也不会主动将明细递送到捐赠人手中并接受监督,这充分说明了在现阶段,法制规范对公益组织的诚信约束力较为薄弱。

四、行政管理局限组织的诚信能力发展

我国政府在公益组织的行政管理上存在着较大的局限性。行政部门对一些公益组织的管理存在着观念上的滞后,例如对公益人才薪资的严格规定使公益组织无法招聘到优秀的社会工作或项目管理人才,致使公益组织的项目创新和执行等方面存在着不专

---

① 程云蕾.公益组织的诚信危机与治理[J].人民论坛,2014(7).

业的问题,而诚信能力也是专业能力的表现之一。所谓的公益组织诚信能力,是保障主观诚信意愿变为客观诚信结果的组织能力。受到组织自身系统和外部互动状态中多方变化因素的影响,对价值观的一以贯之和对项目过程的监控修正是需要能力去把握的,公益组织诚信能力要求其能在权变环境之下,尽可能缩小公益目标预期与完成之间的差距,让公益的计划能落地,让有需求的对象能获得其应得的资源,让公益在实现途中尽量不受到消极因素的干扰。

近些年,公益界开始注重组织的能力建设问题,"公益组织的能力建设是根据机构的宗旨与目标及所处的环境,在不间断的学习和经验积累中,对个人、群体和组织不断进行旨在提高个人、群体和整个机构解决问题、实现目标,满足社会发展需求和机构可持续发展所需要的综合能力的培育过程"[①]。在提出的决策能力、资源动员能力、行动能力、社会互动能力和创新能力几项核心能力中,诚信能力虽然目前尚未归类于其中,但不可否认,组织诚信不仅是一个价值导向的问题,也是一个能力建设的问题。

能力首先是建立在专业的基础之上,现代公益已不仅仅停留在"做好事献爱心"的阶段,它是一门社会系统工程,可以说涉及社会科学的各类学科。要锻造公益组织的诚信能力,首先需要社会各方为公益事业提供大量的优秀人才,然而对公益人才薪资待遇的行政规定并不利于组织诚信能力的发展。目前,公益组织的人员流失较大,专业性、高端性人才资源不充足的直接原因就是对薪

---

① 上海市慈善基金会,上海慈善事业发展研究中心.慈善理念与社会责任[M].上海:上海社会科学院出版社,2008:288-304.

资待遇的局限①。我国现行法律法规对公益组织从业人员待遇问题的规定使从业人员的工资水平一直处于较低水平,人员的总体素质难以获得实质性提升,有志于从事公益事业的专业人才不得不离开,组织的发展受阻,有些项目因为人员的离开而被迫中断,一些项目因为从业者专业水平不足而效果差强人意,使社会对公益组织的诚信形象大打折扣。

第三节 公益组织诚信生态失衡的市场性因素

公益组织的生存发展、执行项目和提供服务等活动都离不开资源,尤其是有形的资源,公益组织正是在对资源进行"第三次分配"的行动中实现公益目标的。经济学上认为,任何资源都有稀缺性。稀缺性带来两个行为结果,一是竞争行为,二是生产行为。因而,公益组织也同样面临着资源的生产和竞争,在这种情况之下,公益组织无疑会与生产并能有效配置资源的市场性因素产生关联,公益组织要借鉴市场化的思维和模式,与市场主体进行合作,打开公益资源的获取渠道并提升其使用效率,在市场思维下,公益慈善事业的价值也不再仅仅通过道德标准来衡量和确定,它产生了实用主义的计算尺度。总之,市场体制不仅适用于经济领域,也适用于公益领域。

然而,由于我国市场经济的发展仍不够成熟,无论是市场主体

---

① 2014 中国公益行业人才发展现状调查报告[EB/OL].[2014-10-21]. http://www.naradafoundation.org/content/3655.

的价值理念还是市场机制的运行和市场规范的完善等方面,都仍存在着亟须改善的问题,这都在一定程度上导致了市场经济中的失信现象,也使公益组织获取、配置资源的市场化行为中存在着失信风险。

一、公益组织走向市场的现实必要性

（一）资源不足是公益组织的现实困境

公益组织市场化最重要的现实就是资源不足的问题。虽然现有公益资源的大量投入仍依赖于政府自上而下的调配和掌控,但由于在治理角色转变过程中的惯性思维以及对公益组织社会属性的某种担忧,政府还没有从观念上摆脱"国家—社会"的二元对立模式。对于国家和社会之间的关系的定位还受到了来自历史传统的比较深刻的影响,未能认识到国家和社会的共存性和互利性,因此政府的财力支持是十分有限的,覆盖面也相对狭窄。

同时,作为物质财富创造部门的企业对公益组织的支持也同样显得不足,30多年的改革开放,中国经济创造了史无前例的神话,中国已经发展成为世界第二大经济体,这是公益组织发展过程中的整体经济环境,但面临的现实是,目前中国的经济组织中能够为公益组织提供稳定支持的企业还不多,企业自身也存在着很多结构性的矛盾,还需要大量的资金投入以进行可持续化的发展建设。虽然一些在经济浪潮中出类拔萃的企业已经开始承担社会责任,致力于公益事业的推进,但从总体上看,公益投入对于企业来说还不能算是其战略视野中的主要内容,不少企业对公益组织还存在着认识上的不足,因此即便是手中握有足够的财力,他们也很难以稳定而不求回报的方式去支持公益组织。因此,组织在企业渠道上的资金获取并不具有良好的常态性和畅通性。

除了政府和企业的投入之外,公益资源的另一个重要渠道来源即社会捐赠的数量也并不丰厚。据资料显示,2014 年,美国慈善捐款总额达到 3 580 亿美元。我国社会组织接收到的社会捐赠仅为 525 亿元人民币①。筹资难是公益组织面临的现实困境,是制约公益组织发展的主要瓶颈,而公益组织因为不规范操作筹资而引发的一些事件以及不理性社会信息的传播也在一定程度上影响着社会捐赠信心,如何"赢得政府和市场主体的支持,获得社会公益供给的实现,这是民间组织面临的首要问题"②。

(二)市场手段是解决公益资源不足的有效途径

市场为公益组织获取、利用和增加资源提供了思维、模式和机制。公益组织本身并非生产性部门,它所需要的资源都需要从社会系统中获取。在中国社会问题日益增多而公益资源不足的现实矛盾之下,公益组织需要通过市场化手段去筹集资金并扩容受益群体。2004 年颁布的《基金会管理条例》第四章第二十九条提到:"公募基金会每年用于从事章程规定的公益事业支出,不得低于上一年总收入的 70%;非公募基金会每年用于从事章程规定的公益事业支出,不得低于上一年基金余额的 8%。"这里的两个数字清楚地说明基金会(无论是公募基金会还是非公募基金会)都不必将 100%的资金投入公益事业。这是因为相比较简单的募捐后分配,通过合法市场手段将募捐资源进行增值后再加以分配,显然更能增加受惠的群体和范围,公共利益的面积会更大。公益领域里的市场思维可以产生公益创投、公益营销、公益广告等有效方式增加公益资源,市场主体企业一方面可以为公益组织提供管理模式和

---

① 王希文.慈善公益报:规范捐赠票据惠及社会组织[EB/OL].[2016 - 03 - 14]. http://www.chinanpo.gov.cn/1940/94146/index.html.
② 张小进.社会公益合作供给:可能、困境与制度选择[J].湖北社会科学,2012(1).

机制的借鉴,另一方面则通过与公益组织合作,履行其企业责任,并最终实现双方的共赢。

二、公益组织市场化活动中的失信风险

在公益组织进入市场化领域的各类活动中,不得不警惕其可能存在的失信风险,这是因为公益组织本身具有非营利性,而市场活动则天然具有营利目标,两者之间在逻辑起点上存在着根本的差异。虽然非营利性的公益组织并不拒绝营利过程,主要着重于对营利性结果的分配层面上,但也不能不警惕营利化过程中组织"公益"的伦理性和精神性流失的问题,而营利过程的动机和手段也直接决定公益组织营利结果的正当性和公益性。实际上,在轰轰烈烈的"公益+市场"的理念和实践中,有一个问题现实地存在着:在体制、法制和规范都还不完善的情况下,过早地铺开市场化道路是不是会存在极大的道德风险?

(一)中国市场经济体制本身仍不完善

首先,中国市场经济本身仍处于初级阶段,市场所需要的契约精神、法治文化和诚信机制尚未形成,一旦市场机制进入公益领域,它也不可能马上摒弃自身的瑕疵,公益组织市场化过程中也就不可避免地存在着失范现象。现实中,一些公益组织为了获得稳定的财力支持,用公益作为交换,允许企业以公益之名做商业广告,但公益广告温情的话语背后却不断曝出企业在公益面纱下的非公益动机,这些不诚信行为的曝光使公众对公益营销的信任度降低,更甚者有些公益组织为了筹资干脆完全按照经济组织的法则进行运作,背离了组织的初衷,从非营利组织转变为了营利性组织。

(二)市场的营利性与公益的非营利性存在对立

公益与商业之间的结合存在着越界的风险,如果没有严格的

法律约束和个人的道德自觉,这就会出现一个很难去界限的地带。公益组织并非不能营利,这也是它可以走向市场的前提,公益组织的非营利性是指营利结果不能用于私人分配,只能用于公益的目的,也就是说通过营利的过程实现非营利的公益目的。一项活动的过程与目的之间本身存在着相互渗透、相互交错的现象,公益组织市场化活动中的执行者毕竟是活生生的人,他不可能做到纯粹的公益指向,公益组织市场化活动中还存在着大量的不可控因素,因而也不能保证过程与目的的完全清晰,因此,如何让营利性与非营利性这一对矛盾实现对立统一的平衡,需要在试错中不断地清晰与建立。

(三)常态化市场模式消解公益组织的精神指向

公益组织内蕴着人道关怀和公共善,市场化的效率导向会在一定程度上消解公益组织内蕴的精神指向。正如学者刘韬在反驳南都基金会徐永光理事长"公益市场化"观点的文中所提出的,他认为,"NGO其意义不言自明,不仅只在于一个'益'、一个'善'的问题,它背后代表着全社会对于'公义''进步'等精神价值的追求。如果用商业去做大做强,那只能停留于更多的'财富'第三次分配的意义上,对于中国的文化转型无疑没有太大的意义"①。也有学者指出公益慈善不仅仅是物质资源的分配,更是社会精神文明的表征。"如果以单纯财政经济观点看待慈善事业,那就仅仅只是分配问题,二次分配说也好,三次分配说也好,均如是。慈善事业不仅仅是呼唤人们的爱心募捐,慈善事业根本上是通过慈善活动培养、光大人们的爱心。慈善既是精神文明,又是对博爱这种文化精

---

① 刘韬. 警惕"公益市场化"[EB/OL]. [2014-06-10]. http://roll.sohu.com/20140610/n400643619.shtml.

神之培育。"[①]

"公益市场化"的观点成为一股潮流,反映了公益组织对体制束缚的一种抗争,但是如果不顾及公益的精神意义,不考量通过公益活动进行社会文化转型的意义,而是以常态化市场模式诸如公益投资、公益产品出售,以及为企业做公益广告等方式去获取公益资源,这并不是公益文明发展的最有利方式,因为它必然会带来公益功利化、公益组织过度竞争化的倾向,从而消解公益组织的精神指向。

三、公益组织与企业合作过程中的失信风险

(一)公益组织与企业的合作

公益组织与企业之间的合作越来越成为双方寻求共赢的方式。越来越多的中国企业也意识到自身的责任和现代社会公益发展的趋势,将与公益组织的合作纳入企业战略规划,特别是企业文化建设的重要环节。对于企业而言,参与社会公益是对"企业社会责任"的承担。"企业社会责任"概念兴起于20世纪80年代,继而成为被世界大多数国家及国际组织所倡导的一种社会运动。不少民营企业、上市公司也积极参与公益,设立了企业基金会,一方面直接做慈善,另一方面继续按照企业的商业模式进行投资、营销等方面的市场运营,例如阿里巴巴在探索一种纯粹的"公益商业化",其口号是打造"另一个淘宝",即为每一家公益组织和消费者提供一个"优胜劣汰"的平台,集营销、CRM管理、捐赠、互助、监督于一体,同时也为政府免费提供数据监管服务,其目的是以公益的形式成立服务业的淘宝平台,解决1亿人的就业问题。

[①] 谢遐龄.转型期慈善文化与社会救助[M].上海:上海社会科学院出版社,2006:93-94.

公益组织则通过社会层面的倡导吸纳企业的资源,寻求企业对公益项目的资源支持。应该说,这种合作是一种市场选择的结果,企业通过选择与公益组织签订合作协议,明确双方的权利与义务,对于企业而言,选择捐赠或者对公益项目的各种支持虽然不是一种直接的投入产出模式,不会产生营利性结果,但同样存在着利益诉求,它可以看作是企业对社会关系网络建立和无形资产回报的一种投资,在产品服务差异细微的情况下,消费者往往更倾向于选择"有社会责任感、支持社会公益事业的公司"[1]。

(二)合作中的失信风险

由于企业和公益组织在以实现社会公益为目标的平台上能实现共赢,两者之间的合作越来越多,但也暴露出许多问题。

部分企业企图以"慈善捐赠"换取社会声誉甚至骗取政府表彰,以掩盖其不法行为的事件屡见不鲜。近年来披露的一些大案要案中,涉案企业都是当地捐赠大户、公益明星,就说明了这一点。企业通过参与慈善公益承担社会责任,不仅仅是一个捐助的口号和一些捐助的资源,企业要具有公益的素养,诚信经营,诚信地传播和承担公益才是真正的责任履行之道。

对合作的另一方公益组织而言,对资源的需求继而产生的某种依附性往往是发生失信风险的重要节点,虽然在两者的合作中,天生具有"营利"属性的企业会基于自身"私益"的考量而发生一些动机不纯、"假借公益实则营利""承诺捐赠却不兑现"等失信行为,但在合作过程中,公益组织自身是否守住利益底线、坚持公益宗旨,是否真诚守信、规范操作,则是失信风险是否会产生以及程度如何的关键因素。由于急需获得资源,一些公益组织不遵守法定

---

[1] 张洪武.营利性与公益性 企业慈善困境的现实求解[J].中州学刊,2007(3).

程序，为企业从免税政策中获益大开绿灯，结果企业不遵守兑现承诺，而公益组织不仅未能得到所需要的资源，更是在社会舆论中产生了不诚信的评价，甚至波及整个公益行业。

2011年爆出的"尚德诈捐门事件"就是这一状况的集中体现，中华慈善总会在企业尚未兑现捐赠承诺的情况下就"违规开具发票"，根据《公益事业捐赠法》的规定，企业可凭借慈善总会开具的发票享受纳税优惠。这次事件的发生既反映出企业在公益合作中不诚信的问题，也折射出公益组织在合作中的程序性漏洞。

第四节　公益组织诚信生态失衡的文化性因素

公益组织的健康发展需要良性的社会文化土壤给予滋润和培育，与公益组织成熟、公益事业发展发达的西方国家相比，中国社会文化土壤中滋养现代公益文明的营养要素比较缺乏，这使中国社会的公益文化淡薄，不利于公益组织的良性发育，而传统文化中的一些积弊更是阻碍着组织的诚信建设以及社会诚信机制的形成。此外，当今中国社会正处于传统向现代的转型过程中，这必然会存在着价值秩序的重建问题，包括诚信在内的很多传统价值文化在面对现代社会的结构变迁时需要进行转化，才能更好地发挥维持社会价值秩序的功能。

一、公益组织发展的文化土壤

文化是人在长期实践活动中形成的稳定心理机制和行为方式。文化一旦形成就具有稳定性，并通过代际方式维系和传承。

文化土壤是一个历史的积淀，其中蕴藏着民族的特性和国民心理倾向，并以潜移默化的方式内化于每一个时代社会成员的心里和行为中。文化土壤对社会组织的影响力度和作用机制是深层次的，公益组织作为生发于社会领域的组织，十分依赖于社会文化土壤。文化土壤中是否存在着组织所需要的诸如公共精神、志愿精神和自治精神等要素，是公益组织是否能茁壮成长的文化条件。

现代公益组织在欧美国家的发展较为成熟，这与西方文化土壤中积淀的公共精神、契约精神、法治文化和公民文化等积极要素有关，此外，提倡博爱、奉献、救赎的基督教信仰也构成了公益组织发展所依赖的价值基石。西方基督教文化将慈善作为一种他律要求，是出于对神的敬畏和对自我的救赎，具备强大的情感驱动力。不但如此，衍生于几千年前古希腊传统中的西方文明与现代性文明之间也具有存续性和同质性，虽然这一价值传统中存在着不少糟粕，但其中的价值精华俨然是培育现代公益文明的营养要素。对中国社会而言，文化土壤中也不乏有利于公益组织发展的积极要素，如"己欲立而立人，己欲达而达人"的儒家利他主义，"兼爱非攻"的墨家之义道，同时，中国人"人性本善"的观念也是公益慈善事业发展的重要文化认同基础。当然，直面现实也不能不看到，在中国社会文化土壤中的确存在着现代公益组织发展所需要的文化营养不足的问题，如公共精神、志愿精神和契约精神缺乏传统性积淀，而由于中国社会的传统结构与现代样貌表现出较高的异质度，这使得现代公益组织发展所需要的现代公益文明的发展还很不充分，最直接的体现便是社会公益文化淡薄。

二、公益文化淡薄的负面影响

公益文化淡薄体现在社会公益慈善意识的内驱力不足，具有较大的随机性。体制内公益组织的不少捐赠的来源带有较为明显的强制色彩,一些企业与个人参与公益的行为还带有一定的功利化色彩,要求从中获得回报。当然,从经济发展角度来看,公益文化淡薄还与目前中国所处的发展阶段以及形成的阶层结构有关系,公益组织的成熟和公益事业的发展需要有一个经济实力和教育程度都具备的公众基础,尽管我国所谓的"中产阶级"这一阶层正在扮演着越来越重要的社会角色,但其在数量上仅占庞大人口基数的很小一部分,不足以形成浓厚的公益文化。

(一)公益意识淡薄影响公益参与人的诚信

公益组织由志愿结社的社会个体联结而成,相比较政府机构或者企业实体,组织的架构具有一定的松散性,因此,成员及相关人的自主意识和个体意识显得十分突出。人的心理动机和行为规范几乎决定着公益组织的道德水平及其公益目的的实现,而无论是专业公益人,还是参与志愿者抑或利益相关人,都需要通过社会文化环境的熏染获得稳定的心理和行为,如果社会公益文化淡薄,参与公益活动的偏好倾向和精神力度并不强烈,那么当制度存在漏洞时,公益参与者可能会产生道德自觉不足的问题,对公益组织而言,个别人的失信行为会极大地影响组织的整体形象。

公益意识淡薄还会影响公益人的项目执行能力,尽管公益组织的职业化和专门化程度逐渐加强,但公益行动仍不能以物质回报作为出发,当公益意识淡薄的执行者无法从行动中获得回报时,其执行力必然会受到极大的影响,执行效果大打折扣,严重影响组织对社会的承诺。还有一些为社会提供服务产品的公益组织因为无法从产品的公益价格中获取预期的利益,便在产品质量上敷衍了事,草草交差,使公益产品根本无法满足公益需求者的需要。

公益意识淡薄也会影响组织内部的管理运行。中国公益组织的内部管理常常会面临这样一个难题：可以设计出比较完整的组织治理架构，比如在基金会中设置理事会、监事会等组织架构，也会设置信息公开的网页，但是当他们要开始实际去运行时，却往往与设置的初衷背离甚远，这其中的原因就是由于组织成员公益意识不足而产生的主观性价值偏离。

（二）公益文化淡薄影响社会对公益组织的诚信约束

公益文化氛围对公益组织规范化运作有着至关重要的影响，在公益文化浓烈的氛围中，捐助者在其捐赠行为完成之后，往往会通过各种方式去了解追问自己所捐助的财物的去向，这样自然就对公益组织产生了监督作用；而公益组织为了获得潜在的捐助，就必然会对这些追问做出回应，通过公开账目收支状况去取得捐助者的信任。反之，公益文化淡漠的氛围中，首先社会的捐赠总量会比较少，其次在捐赠行为完成后，捐赠人对财物的去向也缺乏监督的热情，往往也就无法约束公益组织对捐赠资源的具体使用。

当然，社会对公益组织的诚信约束也要建立在充分理解的基础之上，这同样需要社会具有较为充分的公益文化。因为公益文化淡薄，大众对公益组织的理解会停留在比较浅层次的感性阶段，比如将公益与道德过度捆绑，不利于为公益组织创造良好的舆论环境，从而催生组织内生的诚信意愿。在对公益文化的理解处于感性阶段的时候，社会公众往往表现出两种极端的态度：盲目的信任与盲目的质疑，要么无条件信任公益组织，认为其组织和成员都是道德上的完人；要么处处怀疑公益组织，认为进行公益活动的组织和成员都是骗子。为了避免这种情况的发生，社会对公益必须要形成一个从感性到理性的认知理解过程，当出现"公益失灵"现象时，公众或者媒体要在充分了解的基础上形成成熟和客观的态度，通过建立一个正确监督的社会环境，对公益组织形成社会约束,而不是抓住一点问题就进行打击,使一些因为能力等非主观因素而产生失信行为且程度并不深的公益组织有口难辩,从而打击它们的发展信心。

三、传统文化中的消极因素

（一）关系文化中的潜规则削弱制度产生的约束力度

关系文化中诞生的潜规则是现代组织管理中的一个难题,同样会影响到公益组织的诚信管理规范。中国社会的关系文化较盛,是因为农业文明之下形成的社会结构是一个重视血缘、人情的熟人社会,土地这一生产资源的不可流动性使中国人形成了安土重迁的心理特征,也十分重视熟人圈的关系网络,这一文化心理传递至今。关系文化使人情几乎主导着中国社会的发展运行,成了人与人之间、组织与组织之间隐形的但又十分关键的行为规则,这些隐形的规则被称为"潜规则",在某种程度上往往成为人们行事的准则。在现代社会关系中,讲诚信已然不能依靠内心的道德自觉来建立,而要通过制度性规范来对个体形成正式的要求,在组织中要通过建立正式的诚信规范要求人们去遵守和履行,但如果关系人情文化兴盛,那么诚信规范的正式规则力度会被潜规则所消解,如果组织中"潜规则"盛行,那么组织内部的诚信规范和组织外部的诚信制度在执行效果上会大打折扣。

（二）家长制作风使组织管理缺乏民主化透明化

家长制作风的传统积弊使现代化模式的公益组织缺乏民主意识和平等意识,从而影响到组织管理的民主化和透明化。家长制作风还与权力越位错位、渗透异化等引致公益组织失信行为的政治性因素存在着不可避免的关联。

家长制作风来自封建社会的臣民文化传统,传统中国社会中围绕着"纲常秩序"建立起来的国家体制统治长达数千年之久,这种意识已经深深地印入中华文明的基因,仅仅靠几十年的文明熏陶远远不能消除其负面影响。时至今日,不少组织特别是体制内组织中都普遍存在着家长制作风,影响着组织的科学化管理和效率、效益,家长制作风与"基于公共利益之宗旨,自发、自愿组成的自治性组织"[①]的组织属性极其格格不入。公益组织的活动往往涉及对象多,对外部开放性较强,特别需要允许来自各方面的意见,而如果组织中盛行家长制作风,组织决策权和管理权会集中到上级手中,不利于下级对上级的监督,使公益资源使用等组织活动存在着道德风险。同时,如果权力集中于一人手中,他也很难以一己之力权衡方方面面的因素,缺乏全盘考虑的公益项目可能会出现环节性问题,从而影响公益组织的行动效果和社会评价。更重要的是,家长制作风使领导人的诚信品质成了决定组织是否诚信的核心,如果领导人不讲诚信,那么组织即便是有形式上的自律和他律机制,也很可能因为慑于领导人的权威意志而无法运行。

(三)公共精神不足影响参与人的公益忠诚度

中国社会文化土壤中的公共精神不足,这与中国人传统的"家文化"心理有很大的关系。家文化从本质上来说是一种私文化,是以个人为原点,以血缘关系远近为差序的社会人际格局。家文化心理使中国人并不太重视个人在公共领域中的奉献,感受不到公共利益对社会的重要。以家文化为核心的私文化发达必然会挤压社会公共精神的生长。

公共精神不足会使主体的行为规范或生活方式立足私人领域并看重私人利益,按照以己为原点的差序格局安排关系亲疏,这些

---

① 石国亮.中国社会组织成长困境分析及启示:基于文化、资源与制度的视角[J].社会科学研究,2011(5).

行为原则与公益组织所要求的公共精神、志愿精神和利他精神存在着价值观上的冲突。当这种冲突被激化时,自小接受了家文化观念的中国公益参与人会产生不认同和不理解,表现在对志愿活动缺乏持续性,在公益活动中寻找机会"搭便车",当组织利益与个人利益不一致时会选择满足个人利益,等等,而这些行为自然都是公益诚信不足、忠诚度不够的表现。

四、转型过程中其他文化影响因素

中国社会目前仍处在各方面的转型阶段,现代文明对传统文化的冲击以及社会变迁对社会结构的重构,这些都使转型过程中的文化意识呈现出某种模糊、冲突甚至是失序的状态。

(一)现代诚信机制尚未形成

转型时期的社会价值秩序尚在确立阶段,包括诚信在内的现代社会文化机制还没有形成。传统社会诚信文化机制固然是中国社会长治久安的重要原因,但社会结构的变化使传统诚信文化机制已经无法承担起道德规范的使命,传统诚信文化机制生发的社会环境已经发生了变化,熟人圈的诚信文化机制已经被社会的流动性所打破,陌生人的社会圈亟须形成相应的现代诚信文化机制,而这恰恰是长久以来"特殊信任"而非"普遍信任"的国度面临的现实难题。个人的诚信信念和践履的铸就都离不开长时期的文化熏陶和社会环境,但是我们的文化传统中似乎缺乏个人在公共领域的诚信自律意识。公益组织的活动交织于社会的网络中,它显然需要建立于普遍信任之上的现代诚信文化机制,但现代诚信机制的形成还需要一个长期的过程。

(二)公民文化的理性意识不足

公民文化在转型时期逐渐形成,但公民文化中尚缺乏理性意识,随着市场经济的发展,个人权利意识在觉醒,公民文化得到了极大的发展,越来越多的社会公众关注公益、投身公益,这是公益组织获得极大发展最重要的文化力量。然而,公民文化不仅是简单的具有个人自主意识的情感行为,也并非是对公共问题的一种关切情绪,公民文化中最重要的是理性,理性意识让公民的公益行为不再仅仅停留于感性的捐赠活动,更要作为一个重要的社会监督者去履行自身的公民责任。现实中大多数公民都不会重视公益组织自身的运行情况,使公益组织的社会监督出现空白,为失信行为留下可乘空间。此外,理性的公民在面对公益组织失范问题时,会主张通过法律途径或合理沟通加以解决,而不是在未搞清楚真实状况时就急于散播未经考证的小道消息,非理性的公民行为不仅无益于公民文化的建设,更是公益组织在起步阶段不应该承受的社会压力。

第五章 公益组织诚信生态建设的现实路径

公益组织诚信生态的形成既需要核心主体力量组织和次级主体力量行业的诚信建设,也需要社会三个子系统中相关主体力量的支持,并注入政治性、市场性和文化性要素加以推进(图5-1)。

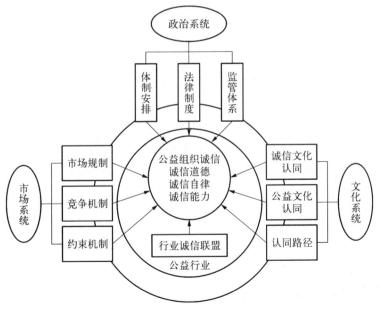

图 5-1 公益组织诚信生态建设结构图

第一节 公益组织诚信生态建设中的组织举措

公益组织自身的诚信建设首先要将诚信确立为组织最核心的道德要求，并通过口号宣传的方式进行自我定位和强化，由此获得社会的积极性期待，这是组织诚信形象的第一步。公益组织诚信建设还包括加强成员的诚信规范、完善财务管理等诚信自律建设以及锻造组织的诚信能力，而行业性诚信建设则主要在于形成公益组织的"诚信联盟"。

一、公益组织的"诚信道德"定位

公益组织要获得良好的公众形象才能拓展自己的活动空间，以及获得相应的资金、人力和各方面的支持，诚信的组织形象无疑是获得社会公信力的保障。公益组织在宣传导向中首先要注入诚信的价值定位，向公众表明一份诚信的道德承诺。同时要根据自己的现实能力和未来预期来表述组织的使命和愿景，不能脱离组织的实际情况，出现为了吸引社会关注度而戴大的、高的帽子，结果在后面的执行过程中却无力兑现的行为，毫无疑问这最终只会导致失信。

此外，组织在使命和愿景的表述上要做到清晰，模棱两可的定位不仅会让公众因难以认识到组织的使命而影响公众的信赖，而且其模糊性本身就包含某种程度的暗区或雷区，或者在模糊的目标导向下已经预设了发生失轨行为的空间。如果捐赠者很难认识并理解组织是在做什么、如何做，或者自己的捐赠会用于哪些方面、达到怎样的效果等问题,那么即便是有捐赠意愿,也很难产生持续性的动力,他们甚至会对捐赠产生质疑。一些成功的基金会对组织的目标愿景、行动模式、结果预期以及资金等捐赠收支明细等方面都有比较清楚的界定,并向公众进行告知和宣传,以此在第一步上就建立起"诚信形象"。

近些年,国内整个公益环境也开始特别重视清晰的组织定位和诚信的口号宣传,例如"把慈善事业做成人人信任的透明口袋"既是中央政府的口号式倡导,也是公益组织的一种自我定位和要求。以雅安地震救灾捐赠为例,地震发生后民政部就发布公告,明确规定公益组织"定期公布详细的收入和支出明细"[①]。

公益组织自身也应注重对社会公众传播与普及健康的公益文化,在慈善捐助方面倡导人人慈善,同时也要使普通百姓了解基本的公益慈善理念,让公众明白做慈善并非只有捐钱这一种方式,只要心存善念,行善的方式可以有无数种。一些关注公共问题的公益组织也要注重宣传上的普及和理念上的倡导,比如环境保护议题上,公众的环境意识已经开始形成,参与环保的意愿也在逐渐增进,但仍然对环保的必要性和紧迫性缺乏认识,因此在日常生活中也就很难有保护环境的举措。环保性公益组织通过对环保理念的传播、引导和宣传,将会对公众认识起到强化作用,当公众能大量地参与环保组织工作时,也会对环保组织自身的使命要求、诚信建设起到监督作用。

价值上的口号宣传和倡导及理念上的清晰定位和传播,目的在于构筑一个以诚信作为价值诉求的公益组织的社会期待与角色自我要求。

---

① 民政部关于四川芦山7.0级强烈地震抗震救灾捐赠活动的公告[EB/OL].[2014-04-22]. http://news.foundationcenter.org.cn/html/2014-04/80227.html.

二、公益组织的"诚信自律"建设

公益组织所具有的自治性和志愿性特点,使其在实践中所需要的自律度非常高,尽管一方面不能过分拔高公益组织的道德要求,要尊重公益人的个人利益获得,但同时公益组织相对其他社会组织总是具有更多的道德光芒,公益组织作为捐助的受托方或者解决问题的被期待方,本身就应当形成内在的诚信自我要求,因此对于公益组织来说,首先要有自律意识去履行这一应然要求。另一方面,虽然国家都已经有相应的法律规范和行政管理条例去约束组织行为,但值得注意的是,这些他律性的规范仍存有不少的模糊地带。受到公益慈善这一行为的特殊性影响,我国公益事业中的法治观念相较于道德观念总是要微弱不少,社会约定俗成的看法仍然认为公益人当然要具有自我道德约束力,因此对于公益组织自身来说,只有加强道德自律、坚定公益信念、抵制外部诱惑、降低私欲追求,并且主动地开展一系列的诚信自律建设,才能不负公众的道德担当,从而捍卫公益事业的道德光芒和社会公信力。

(一)加强对组织成员的诚信规范

组织成员的诚信自律是公益组织诚信自律的核心。虽然志愿奉献、献身公益的利他主义精神本身就需要真实,来不得半点的虚伪和投机,没有实实在在的付出和公益目标的实现,做公益只能是空谈,但是人的道德自觉具有主观性色彩,在一定的具体情境下也会发生波动或变化,因此成员的诚信自觉需要通过组织的诚信规范去保持稳定和持久。

相比较诚信自觉,诚信规范会对个人诚信产生更强、更有效的塑化作用,特别是作为一个社会行动体的组织,它的制度化规范将会通过一种较强的约束力量去形成或改变成员的意识和行为。组织成员毕竟不是单纯的独立个体，成员要接受组织共同体的价值观念并遵守组织规则的约束，只有这样才能达成组织共同体的目标。

组织成员进入这样一个共同体之后，在其他人的行为模式影响、组织文化氛围熏陶以及制度规范要求之下，从前的一些意识观念和行为方式必然会改变，人的行为会在不断地重复中形成一种惯性，成为潜意识的提醒，从而发生转变。具体而言，组织可以通过设置诚信奖惩条例、设计个人的诚信记录等规约方式，从制度上防范组织成员的失信行为，甚至可以解聘不讲诚信的成员，通过诚信奖惩制度的设计，使得组织成员在不断重复的行为中形成诚信的潜意识。

同时，组织要加强成员对"诚信与利益正相关"这一观念的认同度。这是因为组织与外部环境的互动又是一个长期、多重的博弈过程，尽管在某些情况之下，不诚信可能会给组织和成员带来一定的短期利益，但从长期来看，组织受制于一个更加宏观的外部环境，组织的不诚信行为在与外部环境要素的重复互动中一定会被识破揭穿，并终将导致组织发展的阻滞甚或毁灭。因而，一个寻求可持续发展的组织一定会加强成员对"诚信与利益正相关"这一观念的认同度，使大家产生一种集体共识，即诚信是共同受益的资本，是一种组织所需要的资本，从而深化个人的诚信心理。

（二）建立科学的组织管理结构

科学有效的组织架构是公益组织诚信自律的载体。组织架构就好比是一条组织行动的稳定道路，如果光有意愿和规范，没有实践意愿和规范的既有路径，也不能达到最终的目的地。

在既有的体制背景等现实条件下，通过有效的组织架构改革实践诚信之道并结出累累的公益硕果，已有成功的先例。中国扶贫基金会就在1999年主动要求转制，取消事业编制和行政级别，力求将自己发展成为一个具有独立性和自主性的典型NGO。从2000年开始,中国扶贫基金会开始了一系列细化的改革措施。改革主要在人事、财务和项目管理等方面,大致经历了以下过程:基金会首先正式向主管部门提出申请撤销行政事业编制,取消行政级别;建立独立财务预算管理机制,明确"收支平衡、略有结余"的财务管理目标;同时实施项目管理改革,从以往粗放式、广撒网的扶贫项目转向以发展品牌为战略的扶贫模式,最终"建立起一系列完整、系统、科学的项目管理制度和操作方法"[1]。

在阳光、透明和志愿精神等价值理念指引下,通过去行政化的人事管理、透明化的财务规范和专业化的团队建设,扶贫基金会成为中国公益组织的标杆形象,并形成了独具一格的诚信文化。"在扶贫基金会,人们常常回忆一个感人至深的场景:在一次大会上,常务副会长何道峰跪在所有秘书长面前,为他们系上代表基金会诚信的黄丝带,而秘书长则跪在所有员工面前为他们系上同样代表基金会诚信的黄丝带。这是不妥协的精神和立场的一种极致表达——'视谎言与欺骗为罪恶,以互信为基础,用沟通促互信',这正是扶贫基金会的誓词。"[2]

(三) 完善组织的信息公开机制

公开透明的信息机制是公益组织诚信自律的关键,其中最重要的是要做到财务透明。公益组织所获得的可见资本都要来自社会的无偿捐助,公益组织本身是社会的一座桥梁,将公益资源进行有意义的分配和传递社会的爱心。因此,公益组织公开信息中最重要的就是要对募捐所获的社会财富的流向进行社会公示,同时

---

[1] 灵子.扶贫基金会:由官办到民间的转身[J].南风窗,2010(24).
[2] 朱健刚,王超,胡明.责任·行动·合作:汶川地震中NGO参与个案研究[M].北京:北京大学出版社,2009:47.

也要向社会公开日常办公费用、成员薪资报酬等。另外,一般公益组织也都会设立行为原则和道德要求以约束成员的日常行为,如禁止以组织公益之名寻求个人私利,对成员办公经费设立额度,在外出差时要求使用便宜的交通工具、入住相对低廉的旅馆等,对于这些设立规定是否在具体活动中落实了,成员是否严格遵循了,都需要在公开的信息中对社会加以说明。

三、公益组织的"诚信能力"锻造

"诚信能力"是公益组织诚信的升级,也是复杂的现代社会对公益组织的能力要求。诚信能力要求组织活动产生了某种程度上的异化时能马上进行自我调整和修正,并且组织在实施项目时产生出负外部性效应时能有效地化解,在需要进行利益平衡或者博弈时能把握住公益组织的宗旨不走偏,这都是复杂的现代社会对公益组织所提出的时代要求。现代公益组织远远不再停留于献爱心的阶段,它面临的是一个极其复杂的社会环境,涉及的是多方的利益立场,如果没有专业的协调能力、掌控能力和解决问题的专业方法,往往会形成好点子产生坏效果的局面。

同时,相比较个体诚信,组织诚信更加复杂,诚信作为一个评价组织的结果也需要更加客观的视角。个体诚信是一个比较简单的行为结果,真实地传递信息并且兑现许下的承诺就可以称为诚信了。但对组织诚信而言,作为行为结果的诚信却不那么简单直接,这是因为组织不仅具有一种集体行为的逻辑过程,还具有与环境之间交互的动态特征,组织的目标预期与实现结果之间往往会存在差距,一个本着诚信准则去行动的过程可能会在实现中发生变化,当控制能力和反馈修正能力欠缺时,有可能会导致不诚信的结果,因此对于组织而言,要一以贯之地实践诚信,获得诚信的社会评价，显然需要诚信的能力。

锻造公益组织的诚信能力需要提升公益组织的专业性，并培养一支专业的人才队伍。诚信能力与专业素质密不可分。诚信能力的素质包括要具有极强的方案策划、项目管理、风险评估和沟通谈判能力，在争取公益资源的过程中既具有说服力从而获得企业等部门的资源支持，又能平衡商业与公益的矛盾，保持公益的独立性和完整性；在实施公益活动中与地方政府和相关群体之间能达成共识、相互配合，最终完成活动目标。这些能力从根本上保障公益组织有效完成目标，自然而然会收获到诚信的社会评价。

第二节 公益组织诚信生态中的行业建设

作为一种组织形态，公益行业要通过一系列的行业自律建设和对行业性问题的研究探索，形成一股行业性的力量，通过"诚信联盟"的建设去推动公益组织诚信生态的形成。

一、行业性自律联盟建设

公益组织要联合起来制定行业规则和标准，加强行业监督，形成行业诚信自律机制。通过行业推动对行业组织形成他律约束，这在社会组织发展形成一股潮流的20世纪80年代就已经开始初现端倪，在这一阶段中，首先在学术界展开建立行业协会必要性的探讨，随后诞生了我国最早的一批行业协会[1]。

---

[1] 王名，孙伟林. 我国社会组织发展的趋势和特点[J]. 中国非盈利评论，2010(1).

迈入 21 世纪后，开展行业自律已然成为推动公益组织健康发展的必然选择。2010 年 7 月，基金会中心网正式启动运营，全国范围内 1 800 多家基金会的资助项目、财务报表等有关信息在网站上向全社会公布，为广大人民群众监督基金会资金的使用情况提供方便。在雅安地震发生后，基金会中心网上线"雅安地震善款流向披露"专题，并与 42 家基金会共同成立"中国基金会 420 救灾行动自律联盟"，以公约的形式承诺主动披露社会捐赠使用信息，一时间成为公益行业自律联盟的典范。近年来的研究表明，我国的基金会在行业自律和行业透明方面取得了显著成绩。此外，为进一步细化信息披露机制，2012 年基金会中心网联合清华大学廉政与治理研究中心，开发了"中基透明指数 FTI"，FTI 成为中国首个衡量基金会透明度的指标体系。"FTI 透明指数"的运用使公益组织信息的透明度更加高，社会通过这一指数看到了公益组织存在着参差不齐的发展状态，并为其监督公益组织提供了具体参照，公益组织自身则通过"FTI 透明指数"进行同行比较，并进一步认清了自己的优劣势。"FTI 透明指数"有利于社会的监督，也有利于组织自身进行反思和整改。信息披露平台还通过各方面的比较，反映出公众捐赠与组织透明度之间的正相关关系，这种正相关表现为信息披露做得越是到位，透明度越高，社会对组织的信心和信任度就越高，相应地组织所获得的社会捐赠就越多，这种正相关关系的呈现将会进一步促进组织间的良性竞争，并在行业中逐渐形成诚信的风气。

因而，在公益组织诚信生态建设中，行业自律发挥着中枢性作用，并将形成推动公益组织诚信的各种机制，一是形成公益组织的淘汰机制，那些在行业信息平台的年度评价和考核中始终占据前列者，还有每一年的排名都有进步者，显然都是具有较高诚信度的组织,它们也将获得业内的认可和社会公信力;而那些排名始终在后或者一直在退步的公益组织,如果不重视包括诚信建设在内的各方面自身建设,将会逐步被淘汰。二是形成良性的资源供应机制,处于行业价值链上端的资源供应型组织将会以诚信度的高低序列作为评价标准,诚信度越高,组织获得的上游资金就越多,反之亦然。同时,行业自律还可以提升公益组织的整体诚信形象,并增进社会对公益组织的关注,在公信力尚不足的现状下,行业自律至少可以为公益组织主动展示诚信姿态搭建一个大的舞台,从而为组织的发展创造良好的社会环境。

二、行业性问题的研究与探索

公益组织发展中存在一些既具有普遍性又具有专业性的问题,普遍性是指这些问题非一两个组织可以解决,专业性是指这些问题非一般性的社会问题,而必须要依赖于公益圈才可以解决,这些问题中比较突出的便是公益产权界定、公益人才薪资标准等行业性问题。前文已经分析过,对公益产权问题的研究是组织诚信建设中的深层次性问题,公益产权界定清晰可以规避因责权空白而产生的利益流失,这是防止组织失信的事前约束机制,约束试图以不诚信手段牟取私利的动机和行为,同时在责权划分之下保障公益从业者的合法利益。捐赠方、公益组织以及受益者与公益资产的产权关系随着资产转移而处于变化之中,这一特质是公益组织区别于营利性组织的重要部分。捐赠行为发生之后,产权不再属于原有的资产所有者,但是这并不意味着所有者对资产完全脱离关系,事实上,从法律上去保障资产提供者所享有除产权外的其他权利是一个有效的约束机制。比如,他们通过什么样的方式,参与和监督组织在与资产相关的出售、转让、处置权和清算时的剩余财产的分配权？当这些权利受到危害时又如何去实现问责？等等。对公益组织而言，对资产的使用、保值、风险等又有怎样的责任界限？在捐助对象那里，如果是由于他们的需求而产生的资产产权变更，那么这些受助者又可以行使怎样的权利？目前这些与公益产权相关的研究和规定比较鲜见，是一个具有现实紧迫性的问题。

公益产权是基金会等公益组织诚信治理的重要理论基础，对于这一领域进行研究既需要法律部门的支持，更离不开公益行业的推动和探索。此外，公益行业人才薪资标准也是近些年一直探讨的行业性问题。随着市场经济的发展，公益组织也走向了职业化和专业化的发展道路，公益组织自身也更多地参与到了市场运作的过程中，那么公益从业者的薪资报酬是否也理应与其他行业从业者一样，接受市场的调节？实际上，公益从业者现有的薪资标准仍处于较低的水平，薪资报酬水平低下将会导致公益人才因为感觉无从体现自身价值而离开公益行业，导致公益人才流失。公益人才的流失不利于公益事业的向前发展，也不利于公益组织专业能力的提升。不少行业人士已经纷纷提出了提高薪资标准的要求，但公益从业者的身份又具有志愿、公益的伦理光环，不能简单地依照市场标准，因而对这一问题的探讨也需要立足于行业圈，进行科学的调研和民主的决议，并最终影响国家层面的政策。

三、行业资源的共享减少分散性行为的风险

当公益事业发展还处于初级阶段，行业资源的共享可以减少组织分散行为所带来的风险。这种风险体现为分散行为耗资较大，不符合公益资源的使用规范，并可能会导致违规性操作的不诚信评价。目前，公益组织数量不断增加，组织开展活动、宣传公关、行政性开支以及必要的咨询服务等都需要耗费资源。在《慈善法》

出台过程中,不少公益界人士都认为公益组织特别是基金会要从传统模式走向现代模式,甚至市场化模式,组织在前期必然要进行一定的投入,且这些投入不能"一刀切",要按照组织的特点和市场变化来界定。最终,《慈善法》中规定:"具有公开募捐资格的基金会开展慈善活动的年度管理费用不得超过当年总支出的10%。"从法律规范行政开支的诉求可以看出,公益资源的使用要以节约为本,防止公益资源的不当使用甚或流失,但面对一些新成立且规模不大的公益组织寻求发展空间时资源投入较多的现实问题时,这一比例可能会给组织造成一定的困境,因而在这种困境下,行业资源的共享就显得很重要。行业形成资源共享联盟可以节约组织分散行动所耗费的人力、财力资源,防止组织在正常活动开展时可能导致的违规,及由此造成的不诚信评价。同时,行业资源共享也会形成整体公益圈对外部环境中良性资源、信息等方面的整合与筛选,从而进一步促进公益组织诚信生态的形成。

第三节　公益组织诚信生态建设中的政治性支持要素

公益组织诚信生态中的制度安排主要是立足于社会治理体系改革过程在公益领域中的一系列建设:组织角色地位的体制安排、约束组织行为的法律制度供给和保障组织诚信的监管评估的科学体系。

一、角色地位的体制安排提升组织诚信的自我期待

社会结构从垂直型到扁平化,一方面是社会内生的力量在不

断壮大，另一方面是政府的治理角色也在不断变化，公益资源实质上也是社会福利总量中的一股，随着政府治理角色的变化，福利资源的分配也要逐步多元化，才能去满足社会的多元需求。此外，政府的"有限理性"是其作为社会治理主体应当经常审视的一个自我特质，在社会结构变化和政府的自我审视之下，政府应当以开放和支持的姿态定位公益组织的社会角色，而不要陷入一种"管则死，放则乱"的传统角色定位思路中。为公益组织定位一个合理而重要的角色，实质是为其发展注入主观性的正能量。没有一个自信的社会角色，组织的自我期待会降低，而自我期待是组织自我发展和优化的一个心理基础，这也是公益组织所获得的政治性支持。

现实中政府对社会组织的心理态度受到传统思维的深刻影响，既不愿意放开严格管制的权限，但又越来越感受到它的重要性，因此中国社会在很长时间里都以"民间组织"作为公益性、互益性等非营利性组织的统称。中国政治秩序中的"官"与"民"思维不仅是传统社会沿袭下来的一种归属和划定，更是成了理论上和现实中的制度性安排，这多少也反映了某种专制式、官僚式的权力分配。但是社会需要的丰富性和社会治理的复杂性，加上政府权力执行和运行能力的有限性，使现实为社会力量容留了巨大的发挥空间。"官民"思维下的体制安排面临着挑战，挑战要打破的是这样一种现象：公益组织在内的社会组织发展潜力和空间很大，但在不少重要的制度领域里却受到较大的限制，政府对体制外公益组织的信任度还不够。比如在公募权力的开放问题上，政府对公益组织的公募资格设置了极高的门槛，使不少有社会活动能力的组织无法去募资，只能通过其他手段获得公益组织活动和运转所需要的资源。此外，由于缺乏对公益组织的了解或者组织身份的认可，政府对公益组织的管理也缺乏科学化，有些方面是过度管理，致使国家和民间两种治理模式有时候会同时出现在同一政策实施领域，带来的则是无序、重复和低效的管理结果。而有些方面则又是管理缺位，仅仅将公益组织当作一种消费性机构，很多时候采取"不管理的态度"[1]，放任其发展。

随着政治民主化和治理创新化的推进，以及全能国家的职能分化，在公益组织的角色定位的问题上，政府的观念和行动都有了较大转变。党的十七大报告开始用"社会组织"代替"民间组织"。公益组织的社会地位大大提升，社会角色自主性增强，公益组织将会走上一条回归本源又有序发展的健康之道。公益组织获得了合法的社会地位和自主的社会角色，将会更好地去履行其社会功能，不再需要在暗处遮遮掩掩或谨小慎微地亦步亦趋，这也会促使公益组织自身树立自信的心理和增添行动的力量，从而建立阳光透明的组织管理和运行机制。正如市场经济中非公有制经济的角色定位从"公有制经济的补充"到"与公有制经济都是社会主义市场经济的重要组成部分"，我们看到的是非公有制经济在这个角色转变的过程中所体现出的巨大的生命力和创造力。当然，目前在具体的治理结构运行层面，仍存在政府和公益组织之间地位严重不平等的现象，尤其是在地方一级的政府治理结构中，不乏民间公益组织只能通过与政府的博弈或者是某种程度的交易，才能换取到自身发展的空间和资源的现象。在中国社会结构的路径依赖之下，解决这种问题只能是一个政府主动推动的过程，需要中央政府以"元治理"的角色出现，为建立和完善一系列的法规和制度，实践一系列支持"孵化"模式，为民间项目的实施提供独立有效的问责机制，并在法案中赋予民间慈善公益组织直接介入福利服务的

---

[1] 危英.我国非营利组织资金筹集问题探讨[J].商业会计,2013(22).

权利。

公益组织的社会角色和地位变化不仅标志着国家治理观念的转变、政治民主化进程的加快和体制革新的实践,更是为公益组织这一群体注入了一剂强心剂,为公益组织探索一条良性的自治发展道路提供了信心和机会。当公益组织在社会体系中有着重要而明确的角色地位时,它也将会赋予自身更多的责任,将会与社会其他相关系统积极配合,这是公益组织从自身出发探索诚信之道的一个心理基础。

二、法律制度的充分供给增强组织诚信的管理规范

传统社会对个人日常行为的约束主要是以血缘为纽带的宗法制度,这是在自然秩序或农业生产关系主导下的社会管理方式,以伦理道德非正式规则为主。相较于传统社会和单位制社会的简单社会结构,市场经济之下的社会流动性剧增,社会秩序主要依赖法律和制度进行维系。制度缺陷和漏洞会成为人"自利性"放大的引致诱因,而失信行为主要就是人为了私欲的各种违规操作,因此减少失信行为的关键是设计并提供一系列事前规约,事中修正和事后惩戒失信的制度。

法律制度对公益组织的行为进行规约、修正和惩戒,使其能按照原则和程序开展组织活动。我国目前已有《中华人民共和国公益事业捐赠法》《基金会管理条例》《社会团体登记管理条例》等法规,2016年3月16日,第十二届全国人民代表大会第四次会议审议通过了《中华人民共和国慈善法》,这部《慈善法》将会对慈善领域中的各类问题进行法律层级上的规定,包括四个方面的制度建设:明确规定慈善组织为独立法人;规定慈善捐助为独立财产;建立完善的信息披露制度;以完备的法律责任体系作保障。

尽管指导和约束公益组织的社会性法律还需要进一步完善和健全,但随着公益事业的不断发展以及问题的不断出现,一些有利于公益组织诚信发展的新制度规定已经开始运行,且取得了一定的成效,如公益组织登记制度的改革举措。

登记管理制度的改革将逐渐避免对公益组织的管理盲区。一直以来,我国政府对包括公益组织在内的社会组织实行双重登记的管理制度。这一制度的固定历经了改革开放前十年社会能量极大释放、社会组织遍地开花但约束机制缺乏的原始期,政治风波之后的20世纪90年代对社会组织的审批和监管开始收紧,并逐步开始建立规范化管理的调整期。双重登记制度规定社会组织要获得合法身份需要找到两个主管部门,分别是行政性和业务性的主管部门。这一制度在较长时间里保证了社会组织在体制转轨和经济建设中发挥正常和稳定的作用,但随着社会活力的提升,社会公益活动越来越频繁,一些本应组织化、秩序化的社群却因为需要找到两个婆家才能具有合法身份的规定而止步于制度之门,登记门槛高使大量组织性活动不在政府监管范围之中,这一方面不利于公益组织的发展,另一方面则不利于公益组织的整体诚信水平的提高,不少公益失信事件的主角都是处在监管盲区的未登记组织[1]。

因此,在保障社会秩序稳定的前提下,改革现有的社会组织登记制度是深化改革中转变社会治理方式的重要一环,也是影响整个公益组织诚信生态的重要制度改革。实际上,在制度改革领域走在全国前列的深圳市早已开始了社会组织登记制度改革实践,并累积了一些经验。也正是因为登记管理体制改革,社会组织成为深圳市一道美丽的社会风景线。深圳市民政局提出了一个"宽

---

[1] 张静. 如何组织社会? 问题并没有解决[EB/OL]. [2015-09-14]. http://www.chinavalue.net/General/Blog/2015-9-14/1200018.aspx.

进严管"的思路,准许入口放宽,简化审批流程,实行人性化的登记管理,顺应了组织发展的社会需求,同时也避免了因为缺乏监管而可能导致的暗区。然而放宽并不等于"放任",社会组织一旦成立就要接受严格的规范管理,特别是在组织的诚信管理方面,通过建立不预先通知的抽检监督制度,以动态监管代替静态年检,避免可能出现的"应付年检"现象[①]。近年来通过一系列改革,深圳包括公益组织在内的各类社会组织获得了极大发展,这些组织在参与社会治理、提供公共服务、促进社会和谐等方面发挥了重要作用。

  由于涉及财物等资源的管理和分配,公益组织票据使用管理及会计审核也是十分重要的制度。现有的公益组织财务票据等方面的规范,是由财政部分别于2001年颁发的《行政事业单位资金往来结算票据使用管理暂行办法》和于2005年颁布的《民间非营利组织会计制度》,这两项行政法规的相继出台虽也体现了对公益组织财务制度规范的探索,但在实际运行过程中仍存在着模糊性和形式化的问题,也正是由于票据规范的模糊,一些公益组织为了逃避检查,让捐赠者直接将款项汇往受助者账户,因而不给捐赠者开票。另外,当前民众的捐赠情绪日益高涨,但是鲜有开具票据证明等要求,一些公益组织也因为没有严格的执行约束,也不会主动地开具捐赠款物证明收据,使组织财物在较大程度上存在着流失的可能。因而,法律和政府部门应当着重以组织的公益性为出发点,参照已有的如《会计法》《会计档案管理办法》等法律法规,结合现有两项法规的实际运行的情况,制定出适应于公益组织的票据使用管理、会计审核等财务制度。

  除了日常性的制度管理,对公益组织在紧急救助,特别是自然

---

① 盛佳婉.社会组织应像上市公司一样透明[N].深圳特区报,2015-05-31.

灾害的资金捐赠、财物分配发放等环节上,相关部门也要建立过程性管理规范。救灾管理与日常管理的不同在于时间与任务的紧急性和资源流动的快速性,如果缺乏系统性的制度规范,很容易造成贪腐的空间,在以往的几次救灾过程中,都出现了对救灾资金乱列乱支的现象。基金会等公益组织本身的专职人员较少,救灾过程中依靠大量的当地人员兼职工作,如果没有统一协调和严格控制的资金使用和审计规范,不仅会浪费大量的时间,也会使一些素质较低的兼职人员在面对大量救助资金时难以克制一己私念。

政府应当委派独立的审计部门对公益组织救灾过程中的财物捐赠及使用情况进行跟踪性审计,这其中可以吸纳具有财税专业背景的志愿者一起开展跟踪审计,最好在人员配备上坚持熟人回避和地区交叉等原则,以达到审计团队成员相互制约的目的。审计内容包括社会捐赠的财物筹集、拨付、分配、使用及效果的全方位的信息跟踪及信息结果,并向社会公布审计结果,开辟多元化渠道特别是让捐赠企业和公众获知。

三、监管体系的科学构建形成组织诚信的保障控制

构建一个有监督和评估连续且交叉的监管体系,是对公益组织诚信的外在保障与过程控制。监督和评估是对组织行为过程的掌控和对行为结果的评价,监督使组织行为过程能按照组织宗旨进行,不致于偏离轨道,监控组织的行为过程能真实地反映出问题并及时修正,评估对结果与预期的差距有一个评价,为组织的下一个行动提供经验或教训,并通过定性或定量的评估数据比较完整地体现出组织行为所产生的效果,目的在于对公益组织行为进行考察、修正、检验和问责。监督和评估保障组织诚信,而真正落到实处的监督和评估本身就是一种诚信。

监督和评估是一个连续过程,也是一个交叉结构。公益组织的行为往往涉及面广、信息数据多,有时候救助任务也紧急,政府应引导各方构建监督评价体系,以保障信息的通畅真实、问题的及时反馈修正或问责履新。对公益组织的监督内容主要有公益资源的收支用度、公益服务的质量及公益组织的行为性质,监督的过程之中或者监督之后进行评估,最重要的就是要建立相应的评估标准和手段。此外,监督评估的主体确立也是体系中的重要内容。

　　现有的监督手段主要是对公益组织进行年检,这也是大多数国家通用的监督方式。如美国以《国内税收法典》为依据对非营利性组织实施免税政策,而凡是享受到免税待遇的组织都要依法每年向联邦税务局报送年度报表,一些违反《国内税收法典》的免税组织将会遭到严厉的惩罚,并被取消免税资格。

　　评估是对监督结果的评价,也是监管体系中不可或缺的环节。我国现阶段的社会组织的评估建设已启动,主要由民政部门组织,通过组织报送材料的形式进行评估考核,考核内容涉及基础条件、内部治理、工作绩效和社会评价四个一级指标,每一个一级指标下又具体到二级、三级和四级指标,根据每个一级指标最后的总分评出三个等级,社会组织评估等级5A,总分不低于900分,基础条件、内部治理、工作绩效和社会评价四个一级指标得分均不低于各项一级指标分值的85%;评估等级4A,总分不低于800分,基础条件、内部治理、工作绩效和社会评价四个一级指标得分均不低于各项一级指标分值的75%;评估等级3A,总分不低于600分,基础条件、内部治理、工作绩效和社会评价四个一级指标得分均不低于各项一级指标分值的55%[1]。

---

[1] 全国性公益类社团评估资料[EB/OL].[2015-09-08]. http://www.chinanpo.gov.cn/3988/89938/pgindex.html.

这一评价体系存在的问题主要在于评估主体较为单一,主要是由民政部门组织开展,评估指标较为粗放化,其打分和评估指标不能体现社会组织的"差异化"或活动特色,同时评估效力也较为缺乏,评估结果对组织似乎并未能产生激励性和惩戒性的影响。这些问题的存在使社会组织特别是公益组织参评的积极性仍不足,一些依赖社会捐助的公益组织对参与评估的积极性可能较强,而服务型组织的积极性相对较弱。

当然,尽管由民政部组织的社会组织评估还存在着一些实效性的问题,但不可否认,近几年越来越多的公益组织都认识到评估对于提升自我能力的重要性,也有勇气将自己放置到行业比较中发现差距。在《中国社会组织评估发展报告(2015)》蓝皮书中可以看到,2014 年实际获得评估等级的全国性社会组织有 116 家,从社会组织所获的等级来看,2014 年获得 3A 等级以上的社会组织有 99 家,占 85%,达到 2007 年以来的最高值。可以说,评估手段是保障公益组织不偏离既有轨道,发挥其社会功能的基本手段。

深圳在评估权向民间开放的方向上又做了一次垂范。深圳市对开放社会组织评估权进行了研究和尝试,将评估权交给由学术机构、评估机构、中介机构等广泛参与的民间性评估专业委员会来开展,政府主要承担监督指导工作,实现评估工作的独立化运作。在评估指标上,针对现有民政部较为粗放的评估体系,深圳方面也提出要细化评估指标体系,建立多层次、多维度设计评估指标体系的目标。此外,评估也将会作为一道重要门槛,成为社会组织开展活动获取资源的决定性因素,也就是说,社会组织若没有进入评估指标体系中,将无法承接政府转移的职能[1]。

---

① 罗莉琼. 深圳市社会组织评估向民间放权[N]. 深圳特区报,2015-04-17.

借鉴深圳市的思路和经验，民政部门应当加大对全国性社会组织参评信息的考核和评判，地方政府也要在政策框架下根据自身的地方性特点，采取一系列的评估方式，提升社会组织的参评积极性，加大社会组织评估等级的权威性，拓宽参与评估考核的社会部门和主体。如果评估只是程序性地流于形式，那么这也是一种不诚信，更是无益于公益组织建设和发展的提升。

对于监督和评估的主体，除了政府部门之外，还要提升社会公众参与的意识，并打造多元化的平台，使监督和评估逐步实现常态化、效率化。建立公众参与的监督评估渠道将是一个更加符合公益组织特性的方式。随着经济体制转型而变迁的社会结构文化中，公益是社会个体参与公共事务的一种途径，尤其是在移动互联网大时代，无论是公益的主体或客体方，都有更多的人有机会参与和体验到公益所带来的需求满足。

但应当看到，现代公益理念在转型时期的中国社会还是相当不成熟的，如越来越多的社会公众参与公益的方式主要是捐赠行为，捐赠者将财物供给公益组织之后，大多数情况下就获得了精神上的满足，一是并不关心自己通过捐赠分配可能获得的收益，二是公众参与公益的意识还仅仅停留于感性的慈善心理层面，因此，基本不太关心公益组织的运行情况和分配趋向，也就谈不上监督，当然监督和评估的渠道并不畅通也是公民心有余而力不足的外部原因。而事实上，从整个社会的公益需求来看，现有的公益活动资源还是十分有限的，特别是对于个体捐赠来说，这些捐赠的资源在一定意义上也是他们节俭行为的成果，因此如何配置这些资源以实现他们的爱心，理应让社会公众参与到监督评估的环节中来。

第四节　公益组织诚信生态建设中的市场性支持要素

公益组织诚信生态中的市场性支持要素主要是立足于公益市场化过程中的系统性诚信建设：公益市场化行为的诚信规制，公益组织竞争机制的不断完善，企业与公益组织合作中的相互约束。

一、公益市场规制保障组织行为的诚信度

从客观上讲，市场作为一种有效的资源配置方式，可以运行于任何领域。资源的稀缺性和人的欲望膨胀性，使得如何利用资源并产生最优化的配置结果成为任何领域都应当去思考的问题。显然，在更加有限的公益资源和日益增长的公益需求的现实面前，公益组织也需要注入市场思维和机制去进行资源的优化配置，而通过市场化、商业化手段去造血已经成为行业和组织的共识。但是，市场逻辑和公益伦理之间是存在着价值界限的，如何平衡两者的关系，使公益组织在市场化的实践中既做到公益资源的增值又不违背公益宗旨？

公益组织的非营利性并不意味着不能产生营利行为，其实质是指营利的结果不能进行私人性的分配，而应根据组织目标进行公益性分配。在一些曝光的失信行为中，公益组织集体进行奢侈消费或为员工提供过高工资福利，这正是忽略了或误读了"非营利组织"中"营利"的归属，将营利所得用于了私益活动。公益组织通过市场化行为对公益资源实现保值增值是合法的，尤其在公益资源不足的情形下，这也是现实之道，关键的问题不在于这个行为本

身,而在于如何在行为中通过设立诚信规制而保持公益性。通过设立诚信规制,规范公益组织的市场行为,既可以提升组织的诚信水平,也可以促进组织市场活动的有效性。可以说,诚信的公益组织和有效的公益市场化行为之间是一种相辅相成的制衡关系,也只有建立起这种制衡关系,才能把握住市场逻辑与公益伦理的价值界限。

诚信规制的首要原则是公开透明,只有公开透明的诚信组织才能在商业化行为中获得其所需要的经济效益。目前,公益市场化行为主要包括以公益冠名获得企业赞助的交易行为,还有以公益资本进行信托的投资行为等。在此类交易行为中,公益机构的当事人尤其要回避和防范交易与个人利益存在冲突。在公益资本增值的信托投资过程中,公益组织要保证信托基金投资的内容透明,选择投资项目时做好前期市场调查和确定董事会决策程序,清楚了解投资团队成员的专业背景、收益的分配和使用情况、投资风险控制和评估程序,以及失利投资的赔偿制度。根据我国现行的《基金会管理条例》,如果基金会投资失误造成财产损失,相关人员应该承担赔偿责任[①]。如果能够建立类似的针对所有公益组织的问责制度,将会对公益组织商业行为起到一个很好的规范作用。

诚信规制的第二个原则是合法性。合法性原则是组织诚信的基本底线,合法性原则要求公益组织和企业的商业性合作必须遵守法律和规章,如果存在法律和规章没有明确规定的情形,也不意味着公益组织和企业的商业性合作可以没有底线,遵循社会的公序良俗也是公益组织和企业应尽的义务。

诚信规制的第三个原则是社会责任原则。社会责任原则是组

---

① 基金会管理条例[S/OL]. [2004-03-19]. http://www.mca.gov.cn/article/zwgk/tzl/200711/20071100003953.shtml.

织诚信的拓展，是以公益资源为内容，将社会公益纳入一个产业链中进行考察，在这个产业链中，公益组织有责任对其进行捐赠的企业展开审查和评估，且要负连带责任。也就是公益组织不仅从企业中获得资源，还要有义务去履行对企业的监督，以保证以企业为主的市场主体与其合作中的资金问题。

此外，除了要对公益组织市场化行为进行诚信规制外，还应当通过创办社会企业等方式走出公益资源缺乏的困境，由此可以进一步消解由于资源短缺而引致的公益组织在市场化行为中的不诚信问题。

二、公益市场机制的完善促生诚信组织的竞争力

公益组织自身的发展环境中也存在竞争机制，被称为社会选择机制，社会选择机制之于公益组织，就如同市场竞争机制之于企业。社会选择机制实际上就是社会公益领域中的一只"看不见的手"，通过这只手可以将组织之间的竞争导向一个优胜劣汰的结果，社会选择机制的完善将会提升公益组织的整体诚信水平。

如果把公益作为一个市场，公益组织就是市场的主体企业，捐赠人就是市场的消费者，通过竞争机制，公益组织实现了优胜劣汰的结果，那些诚信度高、专业规范的公益组织成为市场的"优质企业"，"消费者"将选择自己信赖的组织去进行捐赠。在这样的社会选择机制作用下，"看不见的手"一方面实现了公益资源的有效配置和优化使用，另一方面成为公益组织提升诚信的必要条件。

企业的竞争力体现在其产品的质量上，不同的是，公益组织的竞争力更多地体现在无形的价值品牌上，因为公益组织本身并不创造实体性产品，它的产品就是真正地做好公益项目，体现于"做"的过程，只有真正在做，在实现着承诺，哪怕做的事情小，哪怕惠及的群体并不多，但都将是公益组织能继续生存并可持续发展的优

势。因此,诚信是社会选择机制下公益组织的核心竞争力,组织的诚信度在很大程度上决定了其在社会选择机制下的生存状态[①]。

在中国独特的文化背景下,社会选择机制对中国社会体制内公益组织的转型也将会起到引领性作用。体制化弊端下存在的失信空间在本书第四章中已经阐述,那么如何去破解它,只依赖体制内的行政改革显然是不够的,正如当年的国有企业改革必须要借助市场机制,这套机制具有的自发规律能对国有企业本身起到内推作用,那么社会选择机制也显然可以对大量官办公益组织的转型起到内推作用。当社会选择成为一种公益组织的发展机制时,体制内公益组织也将不得不借助自我的改革去实现转型发展,而不是继续依赖体制资源而生存,这样这套机制也就为草根公益组织的生存发展提供了一定程度上公平的竞争起点。

但是,另一个值得注意的问题是,公益组织的竞争机制虽然已经明确,但正如供求规律起作用的市场竞争机制一样,在充分尊重和保护这种自发秩序的同时,仍然需要对其进行引导,不可完全放任,否则会由于缺乏监管和规范而使自发秩序陷入盲目和混乱中,反而不利于诚信环境的形成。因为当资源严重匮乏时,竞争会异常激烈,对竞争不应当放任,此时的竞争必须要有国家的法律架构严格保驾护航,而当法律架构还不完备时,政府必然要花费更多的心力进行自上而下的引导和规范。

三、合作约束机制推动组织与企业的诚信共生

随着中国市场经济的不断发展,企业逐渐担当起社会责任,如今许多企业纷纷设立"企业社会责任部(CSR)",其主要功能之一

---

① 马玉洁,陶传进.社会选择视野下政府购买社会组织服务研究[J].中国行政管理,2014(3).

就是与公益慈善组织进行合作。阿里巴巴集团、腾讯、新浪等具有社会影响力的企业也设立了专门的基金会,更有如曹德旺这些企业家在企业已经稳定的前提下将主要精力开始投向公益事业。从国际环境来看,企业社会责任已经成为全球性的议题,企业从事公益慈善行动的文化环境以及制度环境已经形成。

企业最重要的公益行为仍是捐赠行为,为公益组织捐赠,或者创设企业基金会,在世界上大多数国家中,企业公益慈善行为可以获得免税资格。我国基金会享受的税收优惠主要包含两种,第一种称为公益性捐赠税前扣除资格,简称税前扣除资格,第二种称为非营利组织免税资格,简称免税资格。这两种税收优惠的受益者是不同的,当基金会享有税前扣除资格时,向基金会进行捐赠的组织或个人就能够享受相应的税前扣除优惠,根据我国现行《企业所得税法》规定,企业最高可享受 12% 的公益性捐赠扣除。当基金会享有免税资格时,基金会本身就可以在一些收入上免缴或者少缴纳税收。当然,基金会也可以同时享受这两种税收优惠资格。

随着科学发展观理念的深化,企业也开始参与到发展过程中凸显出来的一些公共问题领域,无论是企业可以获得免税资格的公益捐赠,还是企业与公益组织共同解决公益问题或建设公益项目,都需要两者在合作中进行基于诚信的相互支持与约束,才能实现"共赢"局面。公益组织可以设立一些标准或规定来规范企业的诚信行为,比如一些企业借"公益"之名从事商业活动牟利,如果合作组织不进行制止,也将影响到组织自身的诚信。企业对公益合作伙伴的选择也是对组织诚信的一种刺激,不诚信的公益组织可能在短时期内能够通过一些手段获得与企业的合作,但从长期来看,其终将因自身的不诚信而丧失合作机会。

在公益组织的未来发展中,市场化、商业化模式将越来越成为一种趋势,市场将会成为公益慈善资源的优化和配置机制。诚信失范本身已经是中国市场经济中面临的道德困境,当公益组织成为一个有力的市场主体时,它的诚信建设也将是整个市场经济走向成熟的重要环节,在这个过程中,已经建设了30多年的中国市场领域又已经有了充分的机制经验可以纳入公益市场化的过程中,推进公益市场化的良性发展,这是一个实现诚信共生、资源共赢的过程。

第五节　公益组织诚信生态建设中的文化性支持要素

认同不可避免地与精神文化交织在一起,因为认同是对象者对于自身价值意义的诠释和解释过程,与人的内在精神世界紧密相关,"一切文化都代表人类心灵的内在对立面结构向象征性和谐一致转换的逻辑关系"[1]。在一个系统中,相比较外在的显性结构,认同是深层次的隐性结构,文化是一种既定的、不易改变而镶嵌在社会组织或群体中的深层结构。

公益组织诚信生态需要建立文化认同。文化认同指以公益组织为主体的生态系统各层面对公益文化和诚信价值观的认知理解和接受赞同,并在行动中加以实践,文化认同代表着深层次的价值内化。实质上,要真正实现公益组织的诚信生态,必然要注重对公益和诚信两种文化的认同。因为尽管公益组织诚信生态中的主体、行业及社会领域各自都具有不同的角色和功能,但只有建立了

---

[1] 周怡.解读社会:文化与结构的路径[M].北京:社会科学文献出版社,2004:3.

认同,才能形成对失信问题的共同反思力、对诚信价值的共同笃信力和对诚信规范的共同执行力。因而,公益组织的诚信生态需要建立起对现代诚信文化和社会公益文化的认同,并通过以教育为核心的路径建设体现于社会、行业和组织等领域。

一、建立现代诚信文化的社会认同

中国传统文化拥有诸多宝贵的诚信道德资源。无论是文化典籍中的诚信教义,还是文化精神中的诚信修身,传统诚信都十分注重个体的诚信自觉,并以诚信自律的行为加以表现。然而现代社会的社会结构已经变化,市场经济的建立和社会流动的加速既打破了传统诚信产生的结构土壤,也改变了传统诚信作用的交往环境,因此,首先要确立现代社会所需要的诚信文化。

从诚信所作用的社会领域来看,现代社会是"缺场"的交往和"陌生人"交往社会,吉登斯(Anthony Giddens)冠之以"脱域"之名。所谓"脱域",就是"社会关系从彼此互动的地域性关联中,从通过对不确定性的时间的无线穿越而被重构的关联中脱离出来"[①]。"脱域"机制下的现代社会极大地扩展了交往的范围和行为的可能,但由于时空分离的缺场,使失信的风险也极大地增高,而现代社会中,"陌生人"交往似乎也不符合中国人的信任习惯。但是,在公益组织所涉及的行动领域里都体现着"缺场"的交往和"陌生人"交往,大家都有一个"公益"的目标,但为了节约交易成本,组织就成了一个中介,造成了公益供需双方的缺场。公益组织的交互范围也可以说是一个陌生人的世界,捐赠者与组织,组织与受赠者,捐赠者与受赠者往往都是并不熟悉的人。因此,要去创造

---

① 安东尼·吉登斯.现代性的后果[M].南京:译林出版社,2000:18.

公益诚信生态所需要的文化资源,就要在现代社会的结构和文化特点之下,将传统中国的诚信文化资源与西方诚信文化资源进行交融并萃取其价值精华,注入公益组织诚信生态的构建之中,这些文化资源必然会包含有契约精神、规则意识、理性文明等价值要义。值得一提的是,在中国,现代诚信文化的这些价值要义不仅缺乏一定的传统土壤,而且还遭遇到了在转型期社会发展中的某些异化。比如,市场经济本身就有关于契约经济和规则经济,市场主体是"理性人"的假设,然而,在中国市场经济发展中,不履行契约、不遵守规则的人和事时而有之,导致这种境况的主要原因就是在追求经济发展的同时忽略了制度建设和文化建设。如果把诚信作为一种社会资本来看,在转轨过程中物质资本和人力资本发挥了巨大的能量,诚信资本却被忽视甚至压制了。因此,要解决社会的诚信问题,必须加强对古今中外各种文化资源的吸纳和转化,中国传统的"诚实守信"价值观念固然不能抛弃,但西方文化中强调"契约、规则和理性"的经验也要加以借鉴,只有这些支撑诚信文化的价值要义能在社会形成主流意识并达到较高的社会认同,现代社会诚信文化才会形成,才能为公益组织诚信生态建立起有力的文化支撑。

二、建立公益文化的社会认同

(一)发掘本土的公益文化资源

我国公益事业在近十年呈现突飞猛进的发展态势,但社会公益文化的形成与发展却是一个长期的过程。在这个文化形成过程中,既需要总结现阶段的实践经验,"摸着石头过河",又要充分挖掘传统的经验并加以传承。传统经验之所以重要,是因为在当今全球化的世界里,西方在各方面仍处于领先地位,因而在文化输入上很容易走向"西方中心论",而忽视了本土化的问题。特别是现代公益事业在以欧美为代表的西方社会已经相当成熟,因而公益组织的很多治理经验都会从他们那里寻找,但事实上,在中国的民国时期,公益组织也曾有过较为成熟的时期,并积累了较为充足的经验。在我国民国时期,公益事业曾出现过一个高峰,其中最突出的公益组织是华洋义赈会,其在组织架构、治理机制和自律规范等方面具有较多有益的资源可供吸收和借鉴。

一是组织架构比较科学。华洋义赈会中设有会员代表大会、执行委员会、分委办会和总干事。会员代表大会是会员行使最高权力的机关,即总会,会长、副会长均由常会以半数表决选定,执行委员会是常设性机构,总会可以根据目标和任务下设分委办会。总干事是具体执行机关,处于权力结构的第三层次。这种具有现代性意义的科层化组织架构建立起了一个庞大的社会网络,以此为基底能整合到全国性的公益资源,这与现代公益组织的模式基本上是相似的。

二是组织运作模式灵活多样。华洋义赈会行动时,组织共有三种组织运作模式,包括一省有灾害需要救济时的运作模式、数省有灾害需要救济时的运作模式和举办大型工赈时的运行模式。在这三种具体情况下,组织运作的模式是灵活变动的,总会和分会之间的合作可以是对等的,也可以是协作分工式的。

三是对组织成员的诚信规范严格。华洋义赈会将组织人员分为了正式职员和兼职义务员两类。对正式职员的诚信约束,组织有《任职保证书》和作担保的《保证条款》,皆以文书为准。"查账十戒"则是在具体实施过程中总结出的易产生问题。义赈会通过这种强制性的保证,使职员做到忠诚、廉洁、勤勉、负责,以此保证组织的声望。对类似于现代组织中的志愿者的兼职义务员,义赈会也制定了《义务员须知》,其中有关于"志愿、奉献"精神的号召,也有"劝募"注意事项、印发认捐单、代收、征信、证章等具体工作。

民国时期之所以会出现像华洋义赈会这样具有一定现代意义的公益组织,这与近代中国的特殊国情有关。一方面,民国政府的治理能力较弱,激发了社会自治的要求和能力;另一方面,基督教的传播以及国外一些公益组织的帮扶也是一个不可忽视的原因。

(二)提倡理性的公益文化

社会公益文化也内含着一个对公益文化的理解的问题。在大多数普通民众心中,公益行为代表着良心和善意,不容有一丝的亵渎,参与公益的大众也正是带着这种高尚精神的意义才进行无偿的捐助和服务。因此可以说,公益组织具有其他任何组织都没法达到的道德高度和社会期待,于是当任何有关公益组织的现实情况与理想预期有出入时,会立刻激起大众的强烈反应。虽然公益组织的特殊性质决定了它必须要接受社会公众的监督和问责,"公益型社会组织由于携带社会公众财富服务于社会大众,并在法律上享有一定的减免税待遇,其身份也不再仅仅是民间组织,而且具有公共性质。它需要承担的不仅是契约责任,而且更包含了大量的社会责任,必须接受民众的公共问责"[①]。但是公共问责不能简单地等同于"公益揭丑"。在互联网时代,可能是极少数人甚或是个别人的怀疑而提出的"揭丑"要求往往会成为社会的焦点话题,如对李亚鹏嫣然天使基金的实名举报,对壹基金账务收支情况的质疑事件,这几件事情都在当时占据了各大门户网站的头条,社会关注度极高。尽管事后管理部门和专业机构的调查显示,这些公益组织并未存在违规违法行为,"揭丑"风波才逐渐平息,但这无疑

---

① 程昔武.非营利组织治理机制研究[M].北京:中国人民大学出版社,2008:84.

也产生了一定的负面影响。因而，培育公益文化也要倡导理性，这样才是一个成熟且正确的社会态度，理性公益文化将会为公益组织诚信生态的建立创造良好的文化氛围。

三、以教育为核心的认同建设路径

认同的建立是一个由浅入深的认识和内化过程，关系到外部的客观环境和内部的主观意志，文化认同就是指主体对外部客观环境中文化要素的积极选择，这种选择并非天然，也并非固定，它是一个主体和客体不断渗透交互的结果，而教育作为连接主客体并作用和影响主体精神世界的手段，无疑是认同建立的基本路径。

（一）以"诚信公益"为核心价值的社会认同培育

以"诚信公益"为核心价值，培育社会认同。政府在社会主义核心价值观培育、和谐社会建设等国家诉求框架下要突出公益伦理的宣传，倡导"诚信公益"理念。自上而下的推动是我国当前包括诚信等一系列道德建设的基本方式和最有效力量，这是因为现代诚信所需要的契约精神、规则意识、理性文明等价值要义仍处在内生的阶段，还没有形成较强的内驱力和自觉性，因此需要通过外部力特别是公权力进行制度安排和文化培育。而在社会倡导的核心价值观24个字和和谐社会特征表述上，已经将诚信提升到了重要的战略地位。首先要让人们认识到"诚信公益"对社会道德风尚形成和精神文明建设的重要性，认识到"诚信公益"对于节约、利用和创造有限公益资源的重要性，等等。此外，企业家作为社会的经济精英，理论专家和媒体人作为社会的文化精英，都要利用自己的社会知名度去倡导"诚信公益"，而公益人自身更是要成为承担使命的中坚力量，去倡导并力行"诚信公益"。也就是说，公益组织诚信生态的各层级相关人员都要在自己的公益行动范围内做到诚信，并推动社会形成对"诚信公益"的价值认同。

通过自上而下的培育和社会各方主体之间的相互影响，形成"诚信公益"的价值认同，才能从根本上凝聚起公益组织诚信生态所需要的文化视野和社会意识。"诚信公益"的价值认同可以使公益组织生态圈里的相关主体能够理解公益组织的诚信建设需要共同努力才能去推动，生态圈的各方都是相辅相成、利益与共的关系，一方不诚信所导致的结果是整个诚信生态系统的失衡。如果没有建立起"诚信生态"的价值认同，一些公益组织或者公益相关方在行为的出发点上可能只会考虑到自身一方的立场，从而会造成负面的影响，但是造成的负面后果却又绝不仅仅是其一方可以负担的，受影响的将是整个诚信生态的平衡。因此，形成价值认同的最大意义就是能让公益组织生态圈中的各层级、各方面都能建立起整体性的思考方式，这显然是公益组织诚信生态建设所需要的文化视野和社会意识。

当然，强调"诚信公益"的价值认同不是宣传口号就可以实现的，认同是一个认知、理解、内化、强化和行动的过程，只有落实到了诚信的公益行动中，才算真正认同了诚信公益的价值。在诚信问题中最敏感的是信息公开问题，体制内外的公益组织，基于自身组织利益的考虑，对信息公开的态度往往都是欲说还休。政府对信息公开虽也有相关的规范要求，但由于体制的惯性，仍不能对公益组织进行严格的督促或约束，甚至害怕公开信息后会影响到社会稳定，但正如贾西津所言，"公开和稳定是两个维度，就像 X 轴和 Y 轴，不公开不一定就稳定，公开不代表不稳定"。对于这个对立统一的矛盾体，如果建立了"诚信公益"的价值认同，那么无论是政府、社会公众还是公益组织就有了一个明确的行动方向，因为公益组织要建立诚信的形象，首先要透明，要公开信息，至于如何公开,公开什么,公开信息的顺序,如何能让社会更易理解,这些就是专业化的思考和操作了。

"诚信公益"的价值认同和实践行动必然会推动公益组织诚信生态的实现。以委托代理关系角度进行分析,公益组织是受托方,一方面接受社会捐赠方的委托,另一方面也承接着受助一方的委托。一般情况下,委托人与受托人之间的交易是基于信任建立并产生互赢结果的行为,委托人让渡自己的一部分利益交予受托人,是为了换取另一种利益形式,受托人接受委托接受让渡的利益,也自然会有基于组织目的的利益考量。即便是自愿性的委托行为,委托人也会考虑到自身利益的指向和实现。譬如企业委托公益组织履行社会责任,企业作为委托人可以获得较高的社会声誉并以此来影响其商业品牌的树立,社会则希望能帮助到需要的人,以满足自己慈善的意愿,属于精神层面的利益。如果各方建立起"诚信公益"的价值共识,并都以意愿真实、兑现承诺、透明交易以及公开接受监督问责的姿态去作为的话,那么各方的利益都将能获得最大程度的实现。

(二)以健康公益文化为目标的公民意识教育

要形成健康的社会公益文化,公民意识教育是核心。公民意识中的公共道德和理性态度既是诚信文化的必然要素,也是公益组织发展的良好社会土壤。一个社会中的公民意识是否浓厚,决定着社会公益文化是否健康。

第一,公益行动就是公民意识的体现,当社会的公民意识增强时,无论是对公益组织的建立发展,还是对公益组织的参与和监督,都会起到深刻的影响。而现实中出现的公益组织失信的现象,大多都与公民意识薄弱相关。成熟而健全的公民意识是保障公益组织诚信的社会网,当民众具备了健全的公民意识,就会成为真正的行动者,积极主动地参与到公益组织活动中进行监督,将那些公益组织中存在的不良动机和行为及时地扼杀在萌芽状态中。

第二,公民意识教育能建立起社会的理性,使社会对公益组织的行为更加理解和支持,并消除公益事业发展中的误解。目前社会大众对公益慈善事业有三大误解:第一,公益慈善组织不能自己挣钱,不能参与或投资商业;第二,公益慈善组织工作人员都应该是志愿者,就算是专职人员,也不应该拿工资;第三,公益慈善都是有钱人、大企业做的事情,普通老百姓和小企业没能力做。而正解应该是:第一,公益慈善组织尤其是基金会可以从事商业投资活动,但收益必须用于公益,不得分红,并公开透明;第二,公益慈善组织为实现服务的专业和高效,需要专业人才担当专职,并为之提供与其劳动价值相符的工资福利;第三,公益慈善不限于捐钱捐物,只要心存善念,便可从身边的小事做起,善待他人和环境。倘若社会公众从更加理性的公共视角和人性视角去考量公益组织的营利性、组织成员的薪资收入和公益行为常态化的问题,将会消除一些因误解而产生的质疑,公民意识可以为公益组织的诚信评价建立一个理性的基础。

培育公民意识的有效途径中,教育具有举足轻重的作用。公民教育通过有目的、有计划和有组织地对人们的思想意识施加诸如"公民身份""公民责任""公民道德"等知识的系统性传播,培养起公民的法治意识、责任意识、公德意识、契约意识、共同体意识,并逐步塑造社会的公民文化。这些要素既是现代社会诚信培育的要素,也是公益组织所需要的社会基石。

公民教育的途径主要是学校、家庭和社会。在学校教育中,不得不承认的是重智育、轻德育的现实,无论是教育理念还是教材科目,公民教育的地位还远远不够,因而政府和学校都要充分意识到这种缺失并进行教育改革。家庭和社会也要重视和倡导公民意识和理念,在独生子女时代和具有家文化传统的社会土壤里,家庭教育要突破私域的限制,将对孩子的教育纳入提升其公民素养这一社会课题中。对当前中国社会而言,公民教育显然是一个很具挑战性的命题,但的确又刻不容缓,频频被曝光的旅游不文明现象、诚信缺失现象都是公民教育基础薄弱的表现。

(三) 以塑造个体诚信品格为主旨的组织文化教育

人的行为受到价值观的引导和制约,价值观是人意识深处的指南针,体现出人区别于其他生物的核心特征。组织是塑造个人价值观的一个有效空间,公益人是否具备诚信的价值观对于公益活动和组织能否做到诚信起到决定性的作用。个人诚信观一旦确立,就能形成稳定而持久的人格结构,从而为公益组织诚信保驾护航。组织内部也只有确立了诚信认同,成员才能约束自己的不诚信意念和动机,才能理解诚信的价值和意义,才能将诚信信念内化于心,从而坚持践履诚信行为。组织内部建立诚信价值观,也能够塑造个人诚信的价值观,从而使诚信的公益活动能具有长效的内在驱动力。

组织首先要建立起一套与道德导向相契合的制度并控制实施过程,以达到强化观念和行为的目的。通过组织这个集体行动的平台,以组织目标导向、荣誉激励和利益共存、形而上的共同体信念和形而下的行为重复、激励-保健等行为管理方式,探索将诚信信念为组织成员内化的路径[①]。

首先,要对组织成员加强常态化的诚信教育,通过有目的、有组织地对成员施加影响,改变或转变其心中原有的价值结构,使之

---

① 奥尔森.集体行动的逻辑[M].上海:上海三联书店,1996:70-71.

自觉树立起公益和诚信价值观。组织的诚信教育中主要有三个层面的问题,即公益组织的诚信有哪些具体体现?公益组织为什么要讲诚信?如何才能实现公益组织的诚信?即事实、意义和行动的教育。在问题导向的组织教育原则中,还要建立起知行合一的教育路径。认知和行动之间还有很大的距离,只知道事实是什么、意义有什么和行动做什么是远远不够的,只有真正落到了实处,才能证明"教"起到了"育"的作用,而实现知行合一其实也需要主体的诚心正意,它与诚信是离不开的。

对成员进行诚信价值内化还要强化组织成员的角色认同。要让组织中的每个人都正确认识组织的社会角色和责任,然后比对个体所扮演的社会角色和责任,一旦组织与个体的社会角色和责任发生冲突,进行取舍的依据就是选择更能保障公共利益的一方,在保障公共利益的前提下,去实现组织利益与个人利益的平衡。从这一角度而言,组织成员的诚信就是要求他们不能违背自己的组织角色和道德信念,要善于把握角色平衡,提高诚信能力。

此外,组织诚信教育以及强化角色认同都需要建立长效化和常态化的机制,不能搞"形式主义花架子",也不能搞突击式的"运动战",否则很难取得效果。

(四)以树立行业榜样为模式的领导示范教育

在公益行业中树立道德榜样,对行业的组织及其成员进行示范性教育。行业的领导者对诚信的认知和理解,以及意愿和行动对组织及其成员的诚信产生关键的影响。在一个组织行业中,领导者既是榜样,又是镜子,既可以引领行业和组织的诚信建设,又可以映照出其中的诚信问题。诚信的组织行业的领导者必然会通过一系列的组织行业伦理和组织行业规范,将诚信的理念和要求传达至组织及其成员那里。这一套由领导人通过组织讨论和决策,并以伦理计划或诚信规则推行下去的模式,是建立组织行业诚信认同的重要手段。这些计划或者规则意旨在行业中树立起稳定的持续性道德标准,使组织及其成员一致遵从,并配套一系列的奖惩机制予以保障。

对公益组织行业领导人而言,其自身更要具备良好的诚信道德品质和诚信管理能力。公益代表着崇高性,体现的是社会各方爱心的凝集,绝大多数从业者都是怀抱着一份社会理想而工作,因此,对公益领导人的素养要求理应是高于一般的组织领导者,尤其是诚信的品质,因为它既是组织的基石,也是领导人最核心的品质。

以公益领导人的诚信示范和引领建立组织行业的诚信认同是一个有效的路径。在中国文化背景下,自古以来就有树立道德榜样进行社会教化的传统,中国社会文化心理中的权威崇拜也为领导人示范的有效性提供了现实可行性和有效性。在现实中,公益行业也已经出现了可以产生示范性效应的公益领导人,如壹基金创始人李连杰先生,"免费午餐"项目发起人邓飞先生,"北京地球村"创办人廖晓义等,他们用自己的一颗公益的心、一双诚实的手为中国公益事业的发展做出了贡献,他们在公益领域中的诚信实践必然会引领行业及组织成员的诚信认同。

(五)整合制度力量保障教育的成效

通过教育手段实现公益组织诚信生态的文化认同是一个美好的预期,需要长期的过程,多侧面的教育手段与多层次的制度规范要形成相互补充、相辅相成的两极,才能趋近于预期的结果。按照制度学派的观点,普遍的失信行为与制度缺陷有关,制度是外在的硬性力量,代表着他律。制度的目标是实现道德他律,教育手段的目标是道德自律,而后者具有时间上的长和力度上的软等不足,制度合力的形成则可以弥补这种不足。相比较教育潜移默化的长期性,制度合力会对短期行为产生即时的约束性。当在某个问题上的他律形成合力时,"在此框架下的行为就会约束于长远利益的考量而不是短期利益的投机,行为主体要为避免被退出机制所捕获而不得不进行自我约束;因为具备流畅的信息传递渠道,不诚信的行为能被及时的发现,因为具有惩罚机制,对不诚信行为要付出巨大的代价"[①]。

公益组织的诚信生态系统里,各方力量都应当摒弃立场之见、行业之异,以尊重包容、互助互通、协作共享,实现公益的最大化。制度是可以人为设计的,但是制度合力的产生只能通过在实践中的相互碰撞才能形成,碰撞中的不适应推动制度的完善和修正,碰撞中的契合则会产生强大的他律力量去约束行为对象。公益组织诚信生态系统中的各方在实践中会产生大量的交集,例如在公益的供需信息交换时,信息的不对称可能会产生失信风险,抑制风险的手段就是要建立全方位的信息制度及运行机制,使信息资源的配置尽可能达到帕累托最优。当然,制度能不能形成合力,最根本的条件仍是设计和执行制度的人对它的认同,但制度合力的形成会成为以教育实现认同的辅助性力量,保障公益组织诚信生态中文化认同的实现。

---

① 陈丽君,张存如.政府诚信:政府公信力的源泉和基础[J].中共宁波市委党校学报,2008(3).

结　语

　　2016年3月16日,社会各界企盼多年的《中华人民共和国慈善法》(以下简称《慈善法》)由中华人民共和国第十二届全国人民代表大会第四次会议通过,自2016年9月1日起施行。《慈善法》历经八年的酝酿,经过数番的讨论并征集意见最终出台,实为公益慈善界以及整个社会的一桩大事。法律的出台不仅意味着在公益慈善领域出现了新的问题和新的矛盾,需要通过更高层次的刚性力进行调节和解决,也意味着公益慈善事业越来越成为中国走向现代化过程中一个不可忽视的社会领域,作为公益慈善事业中坚力量的公益慈善组织也将会承担起更加重要的社会角色。而《慈善法》的出台必然会为公益慈善组织和机构铺设一条健康理性的发展轨道,从而推进公益慈善事业向着更高的水平迈进。

　　在公益慈善事业的发展中,诚信始终应当是公益慈善组织的生命线。没有对公益精神的坚守秉持,没有对公益资源流向等信息的透明公开,没有对社会承诺的诚意兑现,公益慈善组织将会失去社会的信任,没有了社会信任,组织也将成为空谈公益的楼阁,或成为没有水源的枯井。然而,尽管诚信如此的珍贵,如此的重要,但从近些年公益慈善领域频频出现的失信问题中不难发现,诚信对于公益慈善组织的生命线意义似乎还应进一步强化,公益慈善组织的诚信建设尚需大力推进。可喜的是,在《慈善法》第四条中,已经将"诚信"作为对公益慈善组织的法律要求,使诚信在组织的行为中具有了更加严格的规范性意义。

当然,一部《慈善法》的出台绝不意味着对公益组织失信问题的终结,它甚至可以说只是一个开始。首先,《慈善法》虽然顺利通过,但仍然存在着一些争议性问题,比如《慈善法》中对公益慈善活动主体的界定范围是否过于宽泛,甚至仍然将政府纳入主体范围中,如果是这样,那么近些年由于体制问题而生发的"政府将慈善募捐款纳入财政收入"、官办组织中出现"公益资金被挪去验资"以及"天价餐费"等失信事件是否还会有重演的可能?其次,《慈善法》虽然是针对公益慈善领域的基本法,但由于公益组织所具有的社会开放性和嵌入性,一部法律不可能解决这一领域内的全部问题,需要其他的法律与其配套,特别是《税法》《会计法》等经济领域的法律,毕竟现代公益组织主要的功能之一就是筹资和捐资,而在公益慈善组织失信问题中,最常见的就是贪污浪费善款或不公开财务账目。因而,治理组织的失信问题,不可避免地需要通过经济类的法律予以配套。此外,《慈善法》作为母法,如何与现有的规章制度和行政法规实现融合和统一,这仍然需要一个较长的过程才能建立相应的机制。

更重要的是,诚信作为一种道德规范,从本质上更需要主体的道德自觉。法律是道德的底线,对于大多数作为社会精神文明象征的公益慈善组织来说,如果都只能通过法律制度去约束其行为,那么也就意味着社会文明已经出现了严重的道德问题。因此,在通过法律进行外部约束的同时,公益慈善组织以及社会各部门都应当建立起"诚信公益"的道德共识,也只有达成了共识,才能保障法律的有效执行。

本书以宏观的社会视野,提出了"公益组织诚信生态"的概念,并初步构建出它的结构。这一概念和思路的提出既是基于对现有公益组织失信问题的多维度考察,也是基于公益组织诚信建设所依存的社会条件。公益组织失信不仅仅是一个组织内部的问题,它也勾连着社会系统中的政治性、市场性和文化性因素;公益组织的诚信也不单单决定于某一方面的条件,它是一个关涉政治体制改革、市场经济发展和社会文化转型的系统性建设,因而对它的诚信治理也应当建立起生态的视角。公益组织的诚信生态是一种良性的道德生态,是在以公益组织为核心而形成的系统中通过各层级的诚信建设而实现的一种公益组织道德生态。

当然,由于公益组织诚信生态属于一个较新的概念,因而对它的研究还需要深层次的探索,一个公益组织诚信生态的结构是复杂的,要厘清其中要素间的关联、变动及其呈现状态,还需要进一步深入到公益组织的实践活动中做进一步的考察和研究。随着《慈善法》的出台和公益事业的进一步发展,为公益组织诚信生态建设提供的现实性材料会越来越丰富,有效性路径也会越来越完善,而公益组织诚信生态的实现也将会指日可待,让我们一起期盼吧!

主要参考文献

一、中文文献

（一）学术著作

[1] 马克思,恩格斯.马克思恩格斯文集：第8卷[M].北京：人民出版社,2009.

[2] 毛泽东.毛泽东文集：第1—8卷[M].北京：人民出版社,1993-1999.

[3] 亚当·斯密.国富论[M].北京：商务印书馆,1974.

[4] 亚里士多德.政治学[M].北京：商务印书馆,1965.

[5] 阿兰·斯密德.制度与行为经济学[M].北京：中国人民大学出版社,2004.

[6] 安东尼·吉登斯.社会学[M].4版.北京：北京大学出版社,2003.

[7] 安东尼·吉登斯.现代性的后果[M].南京：译林出版社,2000.

[8] 安东尼·吉登斯.第三条道路——社会民主主义的复兴[M].北京：北京大学出版社,2000.

[9] 曼瑟尔·奥尔森.集体行动的逻辑[M].上海：上海三联书店,上海人民出版社,1995.

[10] 贝尔.意识形态的终结[M].南京:江苏人民出版社,2001.

[11] 贝尔.资本主义文化矛盾[M].南京:江苏人民出版社,2012.

[12] 彼得·格鲁克.非营利组织管理[M].北京:机械工业出版社,2009.

[13] 大卫·休谟.人性论[M].北京:商务印书馆,1983.

[14] 弗兰西斯·福山.信任:社会道德与繁荣的创造[M].呼和浩特:远方出版社,1998.

[15] 黑格尔.历史哲学[M].上海:上海书店出版社,1999.

[16] 加达默尔.真理与方法[M].上海:上海译文出版社,1999.

[17] 科恩.论民主[M].北京:商务印书馆,1994.

[18] 科尔曼.社会理论的基础[M].北京:社会科学文献出版社,2008.

[19] 柯文·M.布朗,苏珊·珂尼,布雷恩·特纳,约翰·K.普林斯.福利的措辞:不确定性、选择和志愿结社[M].杭州:浙江大学出版社,2010.

[20] E.拉兹洛.进化——广义综合理论[M].北京:社会科学文献出版社,1988.

[21] 卢梭.论人类不平等的起源[M].北京:商务印书馆,1962.

[22] 罗宾斯.组织行为学概念、争议、应用[M].北京:清华大学出版社,1997.

[23] 罗素.中国问题[M].南京:学林出版社,1996.

[24] 洛克.政府论[M].北京:商务印书馆,1982.

［25］ 罗纳德·德沃金.至上的美德：平等的理论与实践[M].南京：江苏人民出版社,2003.

［26］ T. H. 马歇尔.公民身份与社会阶级[M].南京：江苏人民出版社,2008.

［27］ 孟德斯鸠.论法的精神[M].北京：商务印书馆,1982.

［28］ 帕萨·达斯古普特,伊尔梅尔·撒拉格尔丁.社会资本——一个多角度的观点[M].北京：中国人民大学出版社,2005.

［29］ 帕森斯.社会行动的结构[M].南京：译林出版社,2012.

［30］ 普里高津.从混沌到有序[M].上海：上海译文出版社,1987.

［31］ 涂尔干.社会分工论[M].北京：生活·读书·新知三联书店,2013.

［32］ 韦伯.儒教与道教[M].南京：江苏人民出版社,1993.

［33］ 约翰·罗尔斯.正义论[M].北京：中国社会科学出版社,1988.

［34］ 约翰·穆勒.功用主义[M].北京：商务印书馆,1957.

［35］ 莱斯特·M. 萨拉蒙.全球公民社会——非营利部门国际指数[M].北京：北京大学出版社,2007.

［36］ 里贾纳·E. 赫兹琳杰,等.非营利组织管理[M].北京：中国人民大学出版社,2000.

［37］ 罗伯特·D. 帕特南.使民主运转起来[M].南昌：江西人民出版社,2001.

［38］ P. B. 弗斯顿伯格.非营利机构的生财之道[M].北京：科学出版社,1991.

[39] 包亚明.布迪厄访谈录：文化资本和社会炼金术[M].上海：上海人民出版社,1997.

[40] 陈晓春.市场经济与非营利组织研究[M].长沙：湖南人民出版社,2001.

[41] 程昔武.非营利组织治理机制研究[M].北京：中国人民大学出版社,2008.

[42] 邓正来.市民社会理论的研究[M].北京：中国政法大学出版社,2002.

[43] 费孝通.乡土中国[M].北京：北京大学出版社,1988.

[44] 高宣扬.鲁曼社会系统理论与现代性[M].北京：中国人民大学出版社,2016.

[45] 何增科.公民社会与第三部门[M].北京：社会科学文献出版社,2000.

[46] 胡守钧.社会共生论[M].上海：复旦大学出版社,2012.

[47] 金建方.社会生态通论[M].天津：南开大学出版社,2012.

[48] 康晓光.NGO扶贫行为研究[M].北京：中国经济出版社,2001.

[49] 康晓光.依附式发展的第三部门[M].北京：社会科学文献出版社,2011.

[50] 康晓光,冯利,程刚.中国基金会发展独立研究报告(2011)[M].北京：社会科学文献出版,2011.

[51] 李惠斌,杨雪冬.社会资本与社会发展[M].北京：中国社会科学出版社,2000.

[52] 李建设.现代组织学[M].杭州：浙江教育出版

社,1998.

[53] 李培林.中国社会分层[M].北京：社会科学文献出版社,2004.

[54] 李培林.社会冲突与阶级意识[M].北京：社会科学文献出版社,2005.

[55] 李亚平,于海.第三域的兴起——西方志愿工作及志愿组织理论文选[M].上海：复旦大学出版社,1998.

[56] 李珍刚.当代中国政府与非营利组织互动关系研究[M].北京：中国社会科学出版社,2004.

[57] 梁磊,等.组织生态学理论与应用[M].北京：科学出版社,2012.

[58] 梁启超.论中国学术思想变迁之大势[M].上海：上海古籍出版社,2001.

[59] 梁漱溟.梁漱溟先生论儒佛道[M].桂林：广西师范大学出版社,2004.

[60] 梁漱溟.中国文化要义[M].上海：上海世纪出版集团,2005.

[61] 刘祖云.社会转型解读[M].武汉：武汉大学出版社,2005.

[62] 卢咏.第三力量——美国非营利性机构和民间外交[M].北京：社会科学文献出版社,2010.

[63] 齐振海.管理哲学[M].北京：中国社会科学出版社,1988.

[64] 陶传进.社会公益供给.NPO、公共部门与市场[M].北京：清华大学出版社,2005.

[65] 田凯.非协调约束与组织运作——中国慈善组织与政

府关系的个案研究[M].北京：商务印书馆,2004.

[66] 王名,刘国翰.中国社团改革：从政府选择到社会选择[M].北京：社会科学文献出版社,2001.

[67] 王名.中国民间组织30年——走向公民社会[M].北京：社会科学文献出版社,2008.

[68] 王名.社会组织论纲[M].北京：社会科学文献出版社,2013.

[69] 王绍光.多元与统一——第三部门国际比较研究[M].杭州：浙江人民出版社,1999.

[70] 韦炜.中国慈善基金会法人制度研究[M].北京：中国政法大学出版社,2010.

[71] 吴锦良.政府改革与第三部门发展[M].北京：中国社会科学出版社,2001.

[72] 谢遐龄.转型期慈善文化与社会救助[M].上海：上海社会科学院出版社,2006.

[73] 徐艳梅,范昕.组织生态变迁研究[M].北京：经济科学出版社,2013.

[74] 闫洪芹.公共组织理论：结构、规则与行为[M].北京：北京航空航天大学出版社,2009.

[75] 杨道波.公益性社会组织约束机制研究[M].北京：中国社会科学出版社,2011.

[76] 袁年兴.族群的共生属性及其逻辑结构[M].北京：社会科学文献出版社,2015.

[77] 张凤阳.政治哲学关键词[M].南京：江苏人民出版社,2006.

[78] 张梦中,马克·霍哲.探索中的中国公共管理[M].广

州：中山大学出版社，2002.

［79］ 张汝林，范明林.政府与非政府组织合作机制［M］.上海：上海大学出版社，2010.

［80］ 张维迎.产权、政府与信誉［M］.北京：生活·读书·新知三联书店，2001.

［81］ 郑也夫.信任论［M］.北京：中国广播电视出版社，2001.

［82］ 郑也夫.中国社会中的信任［M］.北京：中国城市出版社，2003.

［83］ 周怡.解读社会：文化与结构的路径［M］.北京：社会科学文献出版社，2004.

［84］ 周志忍，陈庆云.自律与他律：第三部门监督机制个案研究［M］.杭州：浙江人民出版社，1999.

［85］ 朱国红.经济社会学导论［M］.上海：复旦大学出版社，2005.

［86］ 朱健刚，王超，胡明.责任·行动·合作：汶川地震中NGO参与个案研究［M］.北京：北京大学出版社，2009.

［87］ 上海市慈善基金会，上海慈善事业发展研究中心.慈善理念与社会责任［M］.上海：上海社会科学院出版社，2008.

（二）学术期刊

［88］ 毕素华.官办型公益组织的价值突围［J］.学术研究，2015(4)：40-46.

［89］ 孙长江，哀茂君.中国传统家本位思想及其对现今社会的负面影响［J］.东疆学刊，1998(2)：51-56.

［90］ 陈丽君，王重鸣.中西方关于诚信的诠释及应用的异同与启示［J］.哲学研究，2002(8)：35-40.

[91] 陈丽君.组织诚信:超越个体品德的组织伦理和行为[J].现代哲学,2005(4):105-112.

[92] 陈丽君,张存如.政府诚信:政府公信力的源泉和基础[J].中共宁波市委党校学报,2008(3):26-33.

[93] 陈秀峰.从慈善文化走向公益文明:试析中国基金会的治理理念[J].学习与实践,2008(9):119-124.

[94] 程云蕾.公益组织的诚信危机与治理[J].人民论坛,2014(7):134-137.

[95] 崔月琴.转型期中国社会组织发展的契机及其限制[J].吉林大学社会科学学报,2009(3):20-26.

[96] 丁惠平.当前我国社会组织理论体系的建构——基于多维度视角的思考[J].福建论坛·人文社会科学版,2013(11):184-188.

[97] 董文琪.美国遗产基金会因雇员贪污失信于公众[J].中国社会组织,2014(2):48.

[98] 杜玉华.论马克思社会结构理论的基本涵义及其特征[J].湖南师范大学社会科学学报,2012(2):64-68.

[99] 冯辉,张晓爽.公募基金会的资金监管问题探析[J].西部法学评论,2015(3):75-83.

[100] 顾朝曦.努力推进社会组织诚信建设[J].中国民政,2014(7):12-13.

[101] 蒋一凡.公益慈善组织的公信力对组织绩效的作用[J].商,2015(10):58.

[102] 金佳璐,笑笑.探析提升慈善公益组织公信力的对策——基于会计学的视角[J].商业会计,2015(4):17-19.

[103] 康晓光.转型时期的中国社团[J].中国青年科技,

1999(10)：11-14.

[104] 李彬.当代中国公益伦理的研究主题及其面临的挑战[J].湖南师范大学社会科学学报,2008(3)：13-16.

[105] 李茂平,阳桂红.民间组织：社会资本的"生产车间"[J].吉林大学学报(社会科学版),2008(4)：65-69.

[106] 李睿奇,张旭.商玉生：探索公益慈善新思路[J].中国慈善家,2014(2)：70-74,8.

[107] 李晓明.国内外非营利组织研究述评[J].西北大学学报(哲学社会科学版),2007(5)：147-153.

[108] 灵子.一个官办基金会的转身[J].南风窗,2010(24)：42-44.

[109] 刘清.提升我国非营利组织公信力的几点思考[J].科技风,2008,12(23)：130,145.

[110] 刘仁凯.中小型公益组织结构缺陷与公益服务平台的构建[J].人力资源管理,2014(10)：264-265.

[111] 刘涛.诚信——组织执行力的基石[J].商场现代化,2006,11(31)：145-146.

[112] 刘余莉.道德的自律和他律——兼谈对马恩原著的正确理解[J].道德与文明,1996(1)：3.

[113] 刘振国.中国社会组织的治理创新——基于地方政府实践的分析[J].经济社会体制比较(双月刊),2010(3)：137-144.

[114] 陆景丽.公益事业与和谐社会——"发展公益事业建构和谐社会"研讨会综述[J].社会,2006(5)：200-205.

[115] 陆明远.公益效率化：社会组织公信力建设路径研究[J].中国社会组织,2008(11)：38-40.

[116] 陆学艺.关于社会建设的理论和实践[J].国家行政学

院学报,2008(2):13-19,112.

[117] 马长山.非政府组织中的公民参与[J].求是学刊,2009(1):70-75.

[118] 马玉洁,陶传进.社会选择视野下政府购买社会组织服务研究[J].中国行政管理,2014(3):43-47.

[119] 秦龙.马克思对"共同体"的探索历程及其内在旨趣[J].中国浦东干部学院学报,2010(6):45-49.

[120] 沈晔.非营利组织筹资困难的成因剖析[J].金融经济,2006(12):148-149.

[121] 沈淼,邵爱国,于国庆,朱永新.组织管理诚信与组织承诺之关系研究[J].心理科学,2006,29(2):476-479.

[122] 沈明明.诚信、忠诚、契约等随感[J].学术评论,2012(Z1):48-50.

[123] 施一丹,苏振华.从微观机制到社会结构——集体行动理论的跨学科比较[J].学术月刊,2013(43):13-20.

[124] 石国亮.中国社会组织成长困境分析及启示——基于文化、资源与制度的视角[J].社会科学研究,2011(5):64-69.

[125] 谈佳隆,马琳琳."中国慈善业应更加开放"——访洛克菲勒兄弟基金会总裁斯蒂芬·B.汉兹[J].中国经济周刊,2006(46):50-51.

[126] 田凯.机会与约束:中国福利制度转型中非营利部门发展的条件分析[J].社会学研究,2003(2):92-100.

[127] 万涛.信任与组织公民行为:心理授权的调节作用实证研究[J].南开管理评论,2009(3):59-66.

[128] 王道勇.存量改革亟须社会合作意识的助力[J].中国党政干部论坛,2015(6):84-85.

[129] 王名.走向公民社会——我国社会组织发展的历史及趋势[J].吉林大学社会科学学报,2009(3):5-12,159.

[130] 王名,孙伟林.我国社会组织发展的趋势和特点[J].中国非营利评论,2010(1):1-23.

[131] 王名.破解中国公益组织的治理困境——从"郭美美事件"中的红十字会谈起[J].中国改革,2011(9):76-79.

[132] 王学泰.礼俗:社会组织的粘结剂[J].读书,2013(12):45-54.

[133] 王银春.论当代中国公益慈善组织失信惩戒机制的构建[J].西部学刊,2013(4):34-37.

[134] 危英.我国非营利组织资金筹集问题探讨[J].商业会计,2013(22):70-73.

[135] 问延安.我国非营利组织诚信问题成因探讨[J].长春工业大学学报(社会科学版),2008(4):42-44.

[136] 吴大兵.构建社会力量参与社会公益事业长效机制的思考[J].中国民政,2013(6):16-18.

[137] 向长江,陈平.信任问题研究文献综述[J].广州大学学报(社会科学版),2003(5):39-42,96.

[138] 颜克高.非营利组织的社会责任与和谐社会的建设[J].探索与争鸣,2006(9):29-32.

[139] 杨团.尽快启动社会组织存量改革推进社会协治[J].行政管理改革,2015(4):61-64.

[140] 余玉花.诚信与社会主义政治文明建设[J].湖北行政学院学报,2004(2):5-8.

[141] 臧红雨,马文婷,文香.基于公信力危机的公益性非营利组织治理和绩效评价体系研究[J].对外经贸,2013(8):96-98.

[142] 张海军."社会组织"概念的提出及其重要意义[J].社团管理研究,2012(12):31-32.

[143] 张洪武.营利性与公益性:企业慈善困境的现实求解[J].中州学刊,2007(3):145-149.

[144] 张康之.在共同体的视角中看民主[J].学习与探索,2011(2):145-149.

[145] 张思强.营利性行为与非营利组织财务规制研究[J].财务与金融,2010(6):37-40,44.

[146] 张小进.社会公益合作供给:可能、困境与制度选择[J].湖北社会科学,2012(1):37-43.

[147] 张小进.社会公益合作供给:研究综述与理论建构[J].北京行政学院学报,2014(2):65-69.

[148] 张璋.强化财务建设,提升公益组织公信力[J].经济视野,2013(22):479.

[149] 张镇.社会系统复杂性探析[J].系统科学学报,2006(2):36-39.

[150] 郑雄飞.慈善事业的伦理根基和理性建构研究[J].学术研究,2011(12):85-91.

[151] 钟敏,王晓鸽.领导决策的三圈理论分析[J].管理观察,2009(2):174-176.

[152] 周秋光,彭顺勇.慈善公益组织治理能力现代化的思考:公信力建设的视角[J].湖南大学学报(社会科学版),2014(6):54-59.

[153] 周伟.论当代中国非营利组织的诚信建设[J].生产力研究,2005(6):116-118.

（三）论文集、会议录

[154] 任浩,徐雪松.我国企业慈善捐赠的现状、原因及对策[C]//和谐社会价值·政策·制度——上海市社会科学界第四届学术年会文集(2006年度):政治·法律·社会学科卷.上海:上海人民出版社,2006:312-316.

[155] 宋希仁.论信用和诚信[C]//小康社会:创新与发展——2002·学术前沿论坛文集.北京社会科学界联合会,2002:156-163.

（四）学位论文

[156] 许冰.民间慈善公益组织的社会行动对福利多元化格局的形塑——以S基金会免费午餐基金管理委员会为例[D/OL].天津:南开大学,2013[2017-04-20].http://kns.cnki.net/KCMS/detail/detail.aspx?dbcode=CDFD&dbname=CDFD1214&filename=1014171715.nh&v=MDM2OTVUcldNMUZyQ1VSTEtlWitWdkZ5dmhVTDNCVkYyNkdySy9IOWJOcXBFYlBJUjhlWDFMdXhZUzdEaDFFUM3E=.

[157] 王鑫.人际交往诚信问题研究[D/OL].上海:华东师范大学,2014[2017-04-20].http://kns.cnki.net/KCMS/detail/detail.aspx?dbcode=CDFD&dbname=CDFD1214&filename=1014318351.nh&v=MDY1NzdXTTFGckNVUkxLZVorVnpZGeXZoVjc3QVZGMjZHckM1RnRMSnJwRWJQSVI4ZVgxTHV4WVVM3RGgxVDNxVHI=.

（五）报告

[158] 董必武.新中国的救济福利事业——一九五〇年四月二十六日在中国人民救济代表会议上的报告[R].山东政报,1950-5-31:42-46.

（六）报纸

[159] 龚保华."国学大讲堂"阐释"诚意正心"[N].吉林日报,2014-02-27.

[160] 何道峰.公益慈善力代表国家现代化与文明程度[N].南方都市报,2014-05-25.

[161] 路琰.郭美美撬动的中国红十字危机[N].凤凰周刊,2011-07-08.

[162] 罗莉琼.深圳市社会组织评估向民间放权[N].深圳特区报,2015-04-17.

[163] 盛佳婉.社会组织应像上市公司一样透明[N].深圳特区报,2015-05-31.

[164] 王付永.慈善事业要有玻璃做的口袋[N].深圳特区报,2011-07-12.

[165] 王亦君.近19亿元善款花在哪里[N].中国青年报,2015-04-22.

[166] 魏铭言.2012年度中国慈善捐助报告[N].新京报,2013-09-22.

[167] 吴敬链.信用担保与国民信用体系建设[N].光明日报,2002-02-26.

[168] 肖欢欢."最苛刻捐款"触动中国捐款体制[N].广州日报,2011-03-17.

[169] 谢云挺.网络慈善全透明 施乐会脱颖而出[N].新华每日电讯,2014-01-21.

[170] 徐彤武.英国慈善法体系中公益性定义的演进发展[N].中国社会科学院院报,2008-12-02.

[171] 杨团.慈善事业发展的政社界限[N].中国社会报,

2009-12-23.

[172] 赵杨.郭美美事件对红十字会造成压力[N].南方日报,2011-07-05.

[173] 朱健刚.公益转型推动社会转型[N].人民日报,2013-05-12.

[174] 郑天虹,毛一竹.拓展公众慈善信任空间[N].瞭望,2013-06-27.

[175] 朱健刚.公民公益成社会转型重要动力[N].人民日报,2015-04-21.

(七) 电子资源

[176] 高文兴.遍布全球的犹太式慈善[EB/OL].(2015-04-14)[2017-04-20].http://www.gongyishibao.com/html/yaowen/7949.html.

[177] 邓国胜.从汶川到雅安.基金会透明度的变化及其理论解释[EB/OL].(2013-08-29)[2017-04-20].http://news.foundationcenter.org.cn/html/2013-09/72073.html.

[178] 何道峰.慈善与公益的起源、区别[EB/OL].(2014-09-26)[2017-04-20].http://www.ngocn.net/news/359441.html.

[179] 李彤.尚德陷入诈捐门,中华慈善总会承认监管有缺失[EB/OL].(2011-08-18)[2017-04-20].http://gongyi.people.com.cn/GB/15450877.html.

[180] 刘韬.警惕"公益市场化"[EB/OL].(2014-06-10)[2017-04-20].http://roll.sohu.com/20140610/n400643619.shtml.

[181] 印荣生.说一套做一套的施乐会没有资格做慈善

[EB/OL]. (2014-11-09)[2017-04-20]. http://hlj.rednet.cn/c/2014/11/09/3516486.htm.

[182] 张静.如何组织社会？问题并没有解决[EB/OL]. (2015-09-14)[2017-04-20]. http://www.chinavalue.net/General/Blog/2015-9-14/1200018.aspx.

[183] 马蔚华提议放宽基金会从业人员工资水平限制[EB/OL]. (2015-03-03)[2017-04-20]. http://ccn.people.com.cn/n/2015/0303/c366510-26629093.html.

[184] 全国性公益类社团评估资料[EB/OL]. (2015-09-08)[2017-04-20]. http://www.chinanpo.gov.cn/3988/89938/pgindex.html.

[185] 2010年度中国慈善透明报告[EB/OL]. (2011-12-30)[2017-04-20]. http://www.zmcs.org.cn/yanjiureport/index.jhtml.

二、外文文献

[1] Becker T E. Integrity in Organizations: Beyond Honesty and Conscientiousness[J]. Academy of Management Review, 1998(1): 154.

[2] Culbert S A, McDonough J J. The Politics of Trust and Organization Empowerment[J]. Public Administration Quarterly, 1986, 10(2): 171-188.

[3] Mayer R C, Gavin M B. Trust in Management and Performance: Who Minds the Shop While the Employees Watch the Boss?[J]. Academy of Management Journal, 2005, 48(5).

[4] Wayne J Camara, Dianne L Schneider. Integrity Tests

Facts and Unresolved Issues[J]. American Psychologist, 1994, 49 (2): 112-119.

[5] Michael C Jensen. Theory of the Firm Managerial Behavior, Agency Cost, and Ownership Structure[J]. Journal of Financial Economics, 1976(3): 305-360.

[6] David Lewis, Nazneen Kanji. Non-Governmental Organizations and Development [M]. New York: Routledge, 2009.

[7] Durkheim E. The Division of Labor in Society[M]. New York: Free Press, 1964.

[8] Giddens A. The Constitution of Society: Outline of the Theory of Structuration[M]. Oxford: Policy Press, 1984.

[9] Kaptein Muel. Integrity Management[M]. Elsevier Science Ltd, 1999.

[10] Parsons T. Social System[M]. New York: Free Press, 1951.

[11] Rochester C. Voluntary agencies and Accountability [M]//Smith J D, Rochester C, Hedley R. An Introduction to the Voluntary Sector. London: Routledge. 1995: 38.

后　记

　　提笔开始写后记的时候，也就意味着这一场艰苦的学术马拉松即将到达终点。本书是在我的博士学位论文基础上修订而成，这一本厚厚的论文既是求学的积累，也是人生的见证。回首岁月，我不禁感慨万千。2006年，我硕士毕业于华东师范大学，入职上海电力学院，2012年，已是一个6岁孩子母亲的我，为完成内心的那个学术梦想，又回到母校开启了我的博士生涯。四年的求学日子里，虽肩挑家庭和工作的担负，虽苦于岁月不饶的身体机能下降，但我仍是不敢忘记回归校园提升学术水平的初心，孜孜不倦，勤勉进取，四年的苦读终于开花结果，而近日修订的书稿正是对这四年艰辛过程的写照与见证。

　　回望这个过程，我的心中唯有"感谢"两字！

　　我要感谢我的导师余玉花教授。2003年我离开青岛，求学上海，就此与余老师结下了师生情缘，如今这情缘已伴随了我的人生道路15年，想来自己是何其幸运和幸福！余老师永不言倦、认真严谨的学术态度为我的求学之路树立了最好的榜样。在整个论文撰写期间，从提纲布局到行文规范，从观点推敲到体系构建，从开题报告到答辩准备，余老师都悉心指导，有时候电话打过来一谈就是几个小时。余老师在生活上也对我关心备至、慈爱有加，让我这样一个在上海求学、生活的"异乡人"得到了最大的温暖和依靠！

后　记

我要感谢诸位老师的指导和关爱。华东师范大学的王建新教授、宋进教授、唐莲英教授、杜玉华教授、蒋锦洪教授，还有复旦大学的王贤卿教授和上海交大的邱伟光教授，在博士论文开题、预答辩及最后的答辩过程中都给我提出了宝贵意见，让我的论文在不断地打磨中越来越精炼和厚实！

我要感谢工作单位上海电力学院的同事们，他们经常关切我的学业，鼓励并启发我渡过一些难关，特别是焦娅敏教授、何宇宏教授、我最亲爱的朋友陈春莲博士，你们的关爱让我在攻读学位的艰难道路上得到了极大的支持！

还有在背后默默帮助我和关心我的良师益友，我就不一一点名感谢了，但是你们的爱将给予我莫大的勇气，伴随我积极前行在人生道路上！

最后，我要感谢我的家人。在我读书期间，我的家人默默地支持我，鼓励我，让我在工作、家庭和学业的三重压力之下顺利地完成论文。先生谢俊士，谢谢你为我创造了一个温暖的港湾；家父李德春和家母郭志秀，你们为了支持我的学业，默默地为我承担起本该由我承担的大量家庭事务，让我能心无旁骛地攻读学业；我可爱的女儿谢璟辰小朋友，你那么聪明懂事，每当妈妈对你说要写论文没有时间陪你玩的时候，你总是带着遗憾但理解的目光默默地为我关上书房的门，谢谢你，可爱的宝贝！

"路漫漫其修远兮，吾将上下而求索"，公益慈善事业的发展和公益组织的诚信建设是当今社会各界都非常关注的问题，完成这一部以公益组织作为研究对象的论文只是一个小小的起点，我也深知文中仍存有诸多的不足。对此，我只有在今后的学习和工作过程中，不断提高自己的理论修养，以不负诸位老师对我的教导和众亲朋对我的期望。